大破局

中国经济新机遇

叶檀 著

人民东方出版传媒
東方出版社

图书在版编目（CIP）数据

大破局：中国经济新机遇 / 叶檀 著. — 北京：东方出版社，2018.8
ISBN 978-7-5207-0460-1

Ⅰ.①大… Ⅱ.①叶… Ⅲ.①中国经济—经济发展—研究 Ⅳ.①F124

中国版本图书馆CIP数据核字（2018）第140380号

大破局：中国经济新机遇
（DA PO JU ZHONGGUO JINGJI XIN JIYU）

作　　者：叶　檀
责任编辑：许剑秋　王　端
出　　版：东方出版社
发　　行：人民东方出版传媒有限公司
地　　址：北京市朝阳区西坝河北里51号
邮　　编：100028
印　　刷：北京盛通印刷股份有限公司
版　　次：2018年8月第1版
印　　次：2019年12月第9次印刷
开　　本：680毫米×960毫米　1/16
印　　张：17.25
字　　数：220千字
书　　号：ISBN 978-7-5207-0460-1
定　　价：49.80元
发行电话：（010）85924663　85924644　85924641

如有印装质量问题，我社负责调换，请拨打电话：（010）85924602　85924603

叶檀把她长期以来对中国经济的调研与观察写进了本书，既通俗易懂，又有一定的理论深度。其中有一章特别实用，教大家怎么能不当“韭菜”。理财和投资往往伴随着风险；太激进，太贪心，就容易成为被别人收割的“韭菜”。叶檀所提供的不是一劳永逸的解决方案，而是一种冷静客观的思维方式。大主意，还得你自己拿！

——樊登

序言　身处历史关头，总是不自知

有一船大豆，让我们操碎了心。

北京时间 2018 年 7 月 6 日，一艘名为 Peak Pegasus 的货船载满大豆，以最快的速度，从美国西雅图疯狂驶向大连港。

这一天中午 12：01，中国对 340 亿美元美国商品加征关税，其中最引人关注的是大豆、汽车、飞机。

万众瞩目，这船大豆都快被盯化了。Peak Pegasus 能在 12：01 之前抵达大连港吗?

如果不能及时到达，货主损失将有多大?

以这种船型 8.2 万多吨的载货量计（不考虑集装箱重量），假设装满大豆，按照芝加哥交易所 7 月交割大豆的期货合约结算价计，单价约每吨 306.8 美元，满船大豆价值约 2516.59 万美元（约 1.67 亿元人民币），如果不幸被加征额外关税，货主可能多交 4100 多万元人民币的关税。

很遗憾，这艘船没有跑得过政策。

当天 16:45，Peak Pegasus 减速到 3.1 节（约 5.7 公里 / 小时），距离大连港约 20 公里，错过了当天的清关申报。

此前，他们在海上飞奔了 18 天，他们原本预订 7 月 5 日到达大连港，这艘据说是悬挂利比亚国旗的载满大豆的货船，成为孤零零的象征。

船里的大豆君们命运如何？

有人说被倒进海里，喂了黄海里的鱼，有人说转卖给了其他人。确实，从7月起，中国对原产于印度、孟加拉、老挝和斯里兰卡等国的进口大豆实行零关税。这艘船有可能转运到斯里兰卡、印度、孟加拉等国，再转运到中国。

这艘船，代表着世界上最重要的两个经济大国之间，低关税贸易时代暂时谢幕。

2018年6月16日，美国政府发布对中国加征关税的商品清单，将对从中国进口的约500亿美元商品加征25%的关税，其中340亿美元商品从7月6日起正式实施。

基于对等原则，中国对美国商品增加关税，美东时间7月6日凌晨00:01，北京时间中午12:01，贸易战争正式打响。美国向340亿美元中国商品征税，中国向美国商品征收关税。

7月6日之前，关于贸易战的报道铺天盖地，7月6日这一天，A股市场略微收红，大宗商品多数品种略微上涨，人民币汇率波澜不惊，市场静悄悄的，大家瞪着眼睛，不说话。

历史的重要时刻大抵如此，我们身处其中而不自知。

这是中国经济的又一次转型。

20世纪80年代，中国费尽千辛万苦进入全球产业链；2001年，中国加入WTO，全球贸易链条被重塑；2018年，中美贸易战打响，全球游戏规则不得不再次改变，各国在全球产业链的身份需要重新认定。

恰当的外部压力，有可能促进一个国家重新改革、浴火重生。

否则，某个经济体一直沾沾自喜下去，忘记韬光养晦的古训，在“秀肌肉”的过程中，不知不觉外部敌人越来越多，迟早有一天，会从价值观到利益，跟各方产生严重冲突。清醒，越早越好，越早越有回旋余地。

一个国家贸易逆差到一定程度，一定会试图扭转，一个国家产能过剩到一定程度，一定会试图解决。

经济体之间能互补的时候，双方开放市场实现双赢，当进入零和博弈的时候，不是用金融战的办法，就是用贸易战的办法。

美国大萧条，进入贸易战，当时全球产能过剩。

从 1929 年到 1934 年，全球贸易规模萎缩了大约 66%，产业链上下游的企业大量倒闭。1929 年，美国进口额为 44 亿美元，1933 年，骤降至 15 亿美元，降幅高达 66%，出口额从 54 亿美元骤降至 21 亿美元，降幅高达 61%。1933 年，美国失业率突破 25.1%。

贸易大战的最终结果发展为第二次世界大战的海上封锁和潜艇战。终于，1934 年，作为罪魁祸首的美国《斯穆特霍利法案》被废除。

20 世纪 50 年代，日美打贸易战。

日本纺织品率先抢占美国市场，1957 年，美国密集通过限制日本纺织品的法案，结果可以想象，日本“自愿限制出口”，结束第一回合。

接下来，有重要的汽车战。20 世纪 80 年代，汽车成为日本核心产业，是造就高额贸易顺差的功臣，全美爆发抗议潮。

能想象美国人抡着大锤砸车吗？奖赏砸日本车吗？那是当时的现实。

结果并不意外，日本汽车厂家赴美投资，自愿限制出口，取消国内关税，妥协，结束又一回合。

2018 年，中美贸易战打响，比上一次唯一理性的地方在于，不是全球贸易战，双方都在跟世界其他国家谈，试图找到替代产品。

经历住贸易战，需要两根脊梁，即经得起考验的企业，高效的法治市场体系。

贸易战挤出经济缝隙中的泡沫，让大众认清了各家企业的竞争力，认清了法治市场的优势，这是大浪淘沙的过程。

日美贸易战后，日本汽车更强了，但半导体被打得半死。日本汽车有经得起全球考验的汽车企业，拥有国际一流的竞争力，而半导体方面，技术路径、政策路径与市场路径，都出现了问题。

国家也是如此，深陷中产收入陷阱的阿根廷，是老天“亲吻”过的土地，拥有如此优厚的自然资源，曾经是一流的经济强国，但优越的上流阶层，把财富带回了欧洲。

为什么？

想清楚了这个问题，也就想清楚了我们的问题。太阳底下，没有新鲜事。

据说逢八有事，1998，2008，2018，都是多事的年份，市场巨幅波动，经济难以预测。

经济周期难免，但理智的行动与清醒的分析，能够让我们顺利度过周期。天没有塌，努力就好。

目 录

第一章 经济转型期最怕什么？ 001

不向法治市场改革，中国将比南美更糟糕 003

GDP 并不代表一切 007

三代之内，中国土地改革、户籍改革统统完成 010

香港市场会不会内地化？ 013

金融为实体服务，“割韭菜”的刀子变钝 016

中国市场要不要跟着美国跑？ 020

保值，不能拿现金 024

掌握市场命脉的企业大佬们对未来怎么看？ 027

原材料价格为什么坐上火箭，涨得如同房地产？ 031

第二章 美国加息降税贸易战重压中国，中国有什么后手？ 035

人民币汇率创新低，对民众没有太大影响 037

仅一年时间人民币已经涨得不认识了，发生了什么事？ 042

美国税改，中国怎么办？ 048

一个能拉住特朗普打贸易战的大将出走了 052

有恒产者有恒心 056

曹德旺的大实话，企业资源为何外流？ 059

第三章 哪几类民企能活？ 063

未来五到十年，有一半的制造企业将倒闭 065

为什么康师傅和啤酒都会涨价？ 070

小心这个数据！制造业利润比刀锋还薄 074

离开大城市的人靠什么谋生？ 077

董明珠、王石赢了？ 081

第四章 哪些城市有未来 085

房地产市场到底是涨是跌？ 087

北京、上海房价疯涨暂停 092

未来中国城市的发展秩序 096

最有经济前途的十个城市 100

发展前景可观的十个卫星城 112

每平方米跌一万，2017 年环京最悲催城市廊坊 134

坐着火箭在雄安赚钱？不可能！ 139

这些城市才是年轻人的天堂 143

第五章 土地税收是最本质的改革 147

天大的事！土改盘活 200 万亿元资产 149

70 年土地使用权续期不收费，为剧变做准备 153

土地投资三大新方向 156
2020 年推出房地产税？比预想中还要早 159
房地产数据是怎么造假的 165
房地产冷热，要看二手房价和房租 169

第六章 中国股市：不缺大牛市，缺的是底线 173

从“关灯吃面”到“滴蜡复盘”：请不要再误解价值投资 175
2017 年股市关键词：国企混改、散户退出 180
去杠杆股市半死 184
险资进入股市，会形成大牛市？ 187
次新股到底是美女还是白骨精？ 191
“独角兽”刺中 A 股 194
证监会主席的话你真的听懂了？ 199
中国不缺大牛市，缺的是底线 203

第七章 不当“韭菜”，少持现金，配置资产 207

到底该持有现金还是资产？ 209
管他真加息假加息，收紧货币、消灭无良暴发户才是真的 213
在高杠杆的庞氏骗局失控前，用民间真金白银夯实市场 216
游戏规则当改则改，话该说则说 219
警惕打着金融创新名义的欺诈 223
闭眼炒房炒垃圾股的时候已经过去 227
警惕！超半数中国家庭在做自杀式资产配置 231

第八章　未来十年如何投资？　235

小心削减中产财富的“两把刀”　237

当房市资金流入股市、期市，这些行业翻了身　240

抢房潮起，一百人抢一套房　243

市场大开杀戒，缺少专业能力的投资者破产在所难免　246

鱼和熊掌不能兼得，风险和收益也难以兼得　250

金融政策基因突变，影响未来 10 年投资　254

看准目标，未来的投资机会都在这里　259

第一章　经济转型期最怕什么？

不向法治市场改革，中国将比南美更糟糕

失败的改革都相似，成功的改革也都相似，中国的历史上经历过多次的改革。失败的改革，相似在什么地方？王莽、王安石、光绪帝的改革，目标都是追求现有体制效率的提高，而不能突破陈旧的制度的束缚，因此这三位在历史上的改革，充其量只能叫作改善，或者叫作改良，而并不是改革。

——许小年

历史上两个成功的改革案例

许小年先生曾发表文章《中国历代变法为何只有商鞅和邓小平成功了》。这么说大致不错。在中国历史上有两个典型的改革成功案例：一是秦朝的封建制改革，二是邓小平的市场化改革。

这两次改革两刀下去，把中国历史切分成三段：一是战国之前的贵族井田阶段；二是从秦到清的封建阶段，封建经济、意识形态从成型、发展到溃败的阶段；三是从 1978 年以后的市场化阶段。

1978 年的市场化改革，是中国历史上第一次在和平阶段进行、从轻商到重商的市场化改革，现在仍处于市场化改革这一阶段的深化过程中。商鞅的土地改革如此重要，奠定了中国数千年的土地制度基础，开阡陌，废井田，制辕田，允许土地私有及买卖，这一土地制度到新中国成立之后才被全面废除。换言之，土地承包制早就有了。

我们可以批判商鞅愚民、残酷，但没有商鞅就没有后世2000多年的土地制度。有意思的是，1978年的市场化改革也以土地改革开始，联产承包责任制跟商鞅改革有相似之处。

相隔2300多年的两场改革，土地都是抓手。但两者有本质不同，关键在于商鞅改革轻商，抑制人的能力，把人当作产粮、打仗的机器。而从小岗村开始的改革，是中国历史上前所未有的在和平年代把市场经济作为社会发展基础的改革。

这并不奇怪，由于1978年改革取得极大的成功，2006年1月1日取消了延续2000多年的农业税。原因不难理解，社会结构发生了巨大的变化，统治基础不再是农民，政府其他税收足以弥补农业税的不足。这是中国历史上从未有过的现象，农业社会正在发生蜕变。

王安石、张居正的变法不可能取得成功，时代不允许，他们都是封建社会中难得的能吏，却不可能脱离时代存在。

虽然宋朝是中国难得的商业繁盛时代，但经济基础仍在农村，强敌环伺，缺乏商业文明条件。王安石的改革完全依赖于官员的能力与道德“洁癖”，这难以持久，任何一项朝廷介入经济的改革，都可能异化为官员贪腐的借口。这也是王安石在地方上变法能够收效，而推广到全国却成为一场灾难的根本原因，没有制度能够保障所有官员都有王安石这样的道德“洁癖”。

张居正改革同样如此，明朝中后期中国已经成为全球贸易链条中的重要一环，长三角成为重要的丝绸棉布出口地，但税收结构、政府结构，决定了明朝仍然是个传统的农业社会。明朝初年就开始海禁，政府从来没有把商业当作经济的重要部分。郑和下西洋，并不是商业文明的标志。

张居正的土地改革不可能改变经济基础，更无法扭转爱打官员屁股的明朝文化，土地、贪腐等一系列问题从未消失。张居正一死，所有改革举措“打了水漂”，这只比王安石改革好一点，王安石在世时，改革就已被废止。

从秦朝到清朝，无论经济还是政治，中国不可能出现类似于1978年的改革。晚清重商重科技，但战争与贫困使得东亚最大的城市上海，最终淹没在小农经济的汪洋大海之中，商业被摧毁。

说得残酷一点，中国封建时代的盛世都出现在朝代更替、大规模的杀戮之后，这些盛世本质上是相同的，靠战争消灭了大部分人口，解决土地兼并难题。朝代之初，君主轻徭薄赋、腐败相对不严重，以人口增长、小农温饱为特征的盛世诞生的概率就比较高。

中国改革必须向法治市场改革转变

现在，中国处于什么样的改革时期？

从1978年中国市场化改革以来，近几年我国进入了法治市场阶段，市场化必须向另一个方向转变。

我们不得不转，优势资源消耗殆尽，自然人文环境恶化，投资回报率下降到临界点。根据清华大学经济管理学院白重恩教授的研究，调整价格之后的税后投资回报率，2012年中国已经降低到2.7%的新低水平。该数据从1993年的15.67%的高水平持续下降，在2000—2008年还曾稳定在8%~10%，但金融危机之后投资回报率水平大幅下降。而全要素生产率（TFP），从1979年到2007年年均增长率在3.72%，而2008—2012年则下降到2.21%。从投资回报率看，2008年是个转折点。

制度折价将成为最大的折价，失去安全感的人把资产转移到其他国家。没有法治信用，原本为实体服务的证券市场就会变成暴发户的乐园，生产越多的产品，价值越低，对社会危害越大。

按照原有的市场模式继续前行，中国若不向法治市场改革，将比南美更加糟糕，因为我们人均拥有的资源比南美差得多。

目前中国是市场法治阶段的初期，降低制度成本，给后人留一个能够生存的空间。否则，我们这代人就“太缺德了”。

GDP 并不代表一切

2008 年北京奥运会之后，中国喜讯不断。2009 年，成为世界第一大出口国；2010 年，GDP 超过日本成全球第二；2012 年，贸易总额为 38667 亿美元，成为世界贸易规模最大的国家；2013 年成为世界第一货物贸易大国。但到 2016 年，美国货物贸易额超过中国跃居全球首位，时隔 4 年之后，中国拱手让出宝座。中国国内一方面，为“好成绩”而兴高采烈，另一方面，也开始进行反思。

在经历了 30 年 GDP 赶超之后，因为雾霾毒米、收入差距、文化丧失等原因，国人痛切地意识到只追求 GDP 总量太片面，而人均 GDP、人均财富和生活的尊严，才是最重要的。

中国统计数据质量一直令人担忧，地方加总超过国家统计局总数据的现象时有发生。据《中国经济周刊》统计，2003 年，地方 GDP 数据突然超出全国 3431 亿元，此后超出数字加速增长；到 2012 年，地方 GDP 总和已超全国 5.76 万亿元，相当于该年广东省的数据，达全国 GDP 的 11.1%；2013 年超过约 2 万亿元。很少有企业和地方政府把 GDP 数据当真，他们清楚这些数据是怎么制造出来的。

更要命的，环境污染等成本未计入以生产法计算的 GDP 之内。仅以环保部门公布的环境成本，就可以看出 GDP 质量的每况愈下。统计有不同口径。用购买力平价法计算，世界 GDP 总量达到 90.647 万亿美元，而用汇率法计算为 70.294 万亿美元。用购买力平价法计算，中等收入经济体在全球 GDP 总量中的占比为 48%，而用汇率法计算为 32%。购买力平价大幅提高了中等收入国家的 GDP 地位，6 个最大的中等收入经济体为中国、印度、俄罗斯、巴西、印尼和墨西哥，占世界 GDP 的 32.3%；而 6 个高收入经济体为美国、日本、德国、法国、英国和意大利，占世界 GDP 的 32.9%。

2011 年国际比较项目（International Comparison Program,ICP）发布对世界各国购买力平价的测算结果，并承认，购买力平价是统计学上的估计，像所有的统计数据一样，都会受到抽样误差、测量误差和分级误差的影响。由于收集数据和计算购买力平价过程的复杂性，不可能直接估计出其误差幅度。

购买力平价反映食物等的价格水平更加直观，以巨无霸汉堡指数为例，2008 年 3 月，用 12.5 元人民币就可以在中国的麦当劳里买到一个巨无霸汉堡包，约合 1.78 美元。而在美国的麦当劳，买一个相同的巨无霸汉堡包要 4 美元左右。所以，就这一食品而言，人民币被低估 2.22 美元左右，即 55% 左右。

这一数据显然是荒谬的，照此逻辑，越是经济接近崩溃的时候纸币越有购买力，1 元人民币可以买 10 个馒头，可以娶几个媳妇回家。数字游戏不能改变经济落后的事实。

接下来，把这一连串数据与另一些数据做对比。

英国著名经济史和经济统计学家安格斯·麦迪森的研究显示，从 1700 年到 1820 年，中国的 GDP 不但排名世界第一，占世界总量的比例也从 22.3% 增长到 32.9%。与此同时，中国人口从占世界总量的 22.9% 增长到 36.6%。《大国的兴衰》引用经济史学者贝罗克的统计，直到 1890 年，美国才抢走中国经济总量世界第一的宝座。

那样的 GDP 第一的时代，是中国不堪回首的时代，没有一个国人愿意把当下与清代相提并论，虽然中国当时占据了农业时代的经济强国位置，19 世纪的 GDP 世界第一显示了农业经济最后的一缕光芒。

为了维持农业经济体制的内在均衡，保护腐败滞后群体的利益、权威，清王朝扼杀了沿海的出口业，试图以朝贡体制统领各国，结果无需多说，中国丧失了约 12% 的国土，王朝被现代工商业国家以战争与鸦片的可悲形式攻占。

不可忽视的是，在元朝时期，西方人均 GDP 一直超越中国，在番薯等作物引入后，西方与中国同样进入了人口爆炸时期，同样进入艰难时世。

GDP 至上的时代基本已经过去，在获得温饱之后，人们需要的是长期均衡的发展，是青山绿水，是人的尊严。购买力平价指数计算出来的 GDP，不过是贴在狂热分子心上的一剂万用灵丹而已。

三代之内，中国土地改革、户籍改革统统完成

中国历史上最重大的改革，都是土改，这一轮的改革重点，是土改加城镇化。城镇化是中国进入工业社会之后兴起的。提升城镇化比例，我国计划到2020年，落实1亿非户籍人口在城市落户。农民现有的土地使用权怎么办？只能遗产传承！

一两代人之内，土地问题解决了，城市扩张了，租售同权完成了。这是世人未曾设想过的速度。

2018年3月，国家发改委发布《关于实施2018年推进新型城镇化建设重点任务的通知》，今年要全面放宽城市落户条件，2018年实现进城落户1300万人。

如果只从房地产市场角度理解，格局太小了。这跟中国的土改、户籍改革、城市发展、房地产全部相关，我们从三个方面解读。

第一，发改委通知非常明确，提升城镇化比例主攻方向是中小城市和建制镇。中小城市是中国经济的新脊梁。

中小城市和建制镇全面放开落户限制；大城市要放低落户门槛，超大城市和特大城市要区分城区、新区和所辖市县，制定差别化落户条件；同时，探索租赁房屋的常住人口在城市公共户口落户。

中小城市和建制镇落户最容易。早在2014年7月30日，国务院发布的通知就说，全面放开建制镇和小城市落户限制。在县级市市区、县人民政府驻地镇和其他建制镇有合法稳定住所（含租赁）的人员，本人及其共

同居住生活的配偶、未成年子女、父母等，可以在当地申请登记常住户口。

中小城市规模拓展比大城市快，大城市住宅用地增速慢，中小城市用地增速快，这就是大趋势。

2017 年 12 月 28 日，中国土地勘测规划院在京发布《全国城镇土地利用数据汇总成果》，显示城镇土地面积增速总体呈放缓趋势。报告覆盖全国 698 个城市、18883 个建制镇自 2009 年至 2016 年的城镇各类土地利用数据。从 2009 年到 2016 年，中、西部地区的城镇住宅用地年均增幅介于 5% ~ 6% 之间，大于东部、东北部地区的年均增幅，住宅用地的年均增幅呈现出“小城市 > 中等城市 > 大城市 > 特大城市和超大城市”的特征。

农村大规模拆迁，城镇化加快。农民拆迁之后，部分成为城镇居民，不再是农业居民，拆迁农民到建制镇顺理成章。

按照国务院最新标准，以城区常住人口为统计口径，将城市划分为五类七档：城区常住人口 50 万以下的城市为小城市，其中 20 万以上 50 万以下的城市为Ⅰ型小城市，20 万以下的城市为Ⅱ型小城市。50 万以上 100 万以下的城市为中等城市。100 万以上 500 万以下的城市为大城市，其中 300 万以上 500 万以下的城市为Ⅰ型大城市，100 万以上 300 万以下的城市为Ⅱ型大城市。500 万以上 1000 万以下的为特大城市；1000 万以上的城市为超大城市。

根据第一财经数据，到 2015 年，有 85 个城市的城区人口超过了 100 万大关，有 36 个城市超过了 200 万大关。

中国超大城市和特大城市共有 12 个，这些特大超大城市落户的重点在新城区。其他大城市，不实行积分落户，有条件的，要降低社保年限要求。比如，你到南京落户，最好是到江北新区。武汉、宁波这些城市，有张大学毕业证书，基本就能落户了。

第二，上海、北京这些超大城市，常住人口在减少，要落户很难。这些城市改革的重点是租售同权，而且，要率先“消灭”农村居民。

上海有个重要的户籍政策，被市场严重忽略。

2018 年 3 月 14 日，上海市公安局公布《上海市常住户口管理规定》（以下简称《规定》），明确房产交易后，现权利人或者承租人申请将房屋内原有户口迁出，房屋所在地公安派出所对拒不迁出或者无法通知的可以直接将其户口迁至社区公共户。《规定》第二十九条明确，本市常住户口居民依法取得房屋所有权、宅基地使用权或者公有居住房屋承租权的，可以将户口迁入该房屋所在地址。

第三，以后农业户口越来越少，土地改革自然完成，什么宅基地、承包地，统统转变性质，力争三代之内没有农业户口。

站立潮头的城市是上海，可上海实在做得太低调。2016 年 3 月 25 日，上海市政府发布文件，宣布将取消农业户口与非农业户口性质区分，建立统一的城乡户口登记制度。

上海这种做法，把农业户口、土地问题消灭于无形，等拥有农业户口的老人过世，就没有农民、市民之分了。既然大家都是居民，凭什么要给这类居民承包地，给那类居民宅基地？

现有的土地使用权怎么办？只能遗产传承。土地确权以后，土地可以作为农民的遗产，传给下一代，新的户口政策证明了这一点。或者，像广州的有些城中村一样，入股、分红。

一两代人之内，土地问题解决了，城市扩张了，租售同权完成了。估计三代之内，中国户籍改革、土地改革统统完成。

香港市场会不会内地化？

2016年，对香港股市而言是不平静的一年，恒生指数曾一度跌至四年最低点，也曾一度成为2016年亚洲涨幅最高的基准指数之一。在2016年年末的几个月里，港股大涨主要是受到了通过沪港通大举南下的内地投资提振，香港市场受内地影响越来越大。

内地资金助涨恒指

香港恒生指数可谓“牛冠全球”。

2016年12月23日，恒指为21574.76点，到2017年2月15日，收盘23994.87点，涨幅为11%左右，国企指数涨幅更大。这主要是内地企业、内地资金的功劳。

内地企业已占香港股市半壁江山。据Wind资讯统计，截至2017年6月19日，港股上市企业共有2052家，内地企业（H股+大红筹+小红筹）为996家，占比为48.54%。

大量资金南下。截至2017年2月14日，通过沪市港股通流入香港股市的资金为304.06亿元，通过深市港股通流入的资金为74.92亿元，合计达378.98亿元。

据海通证券研报，2017年前两个月，港股通资金净流入累计高达149.98亿元，保险、基金等机构资金为港股提供了充裕流动性。2016年9月，保监会放开险资进入港股的权限，2015年年底陆港通基金的规模仅188.83

亿元，2016 年年末已增至 494.74 亿元，增幅高达 162%。

由于通胀压力、供给侧改革，股市跟着期市的步伐火爆了，但主要体现在估值低的港股市场上。港股烈火烹油，内地门前冷落。

港股热到什么程度？《证券时报》披露，多只沪港深主题基金公告暂停大额申购，甚至东方红沪港深基金暂停大额申购和定投，给出的解释是，“为了保证基金的平稳运作，保护基金份额持有人利益”。简言之，资金南下热情太高了，暂时筑道闸门拦一下。

原因很简单，同样的产品，同样的概念，香港估值低。除了海螺水泥、潍柴动力等 5 家上市公司外，其他 A 股和 H 股同步的 90 家左右的公司，A 股估值都高于 H 股。2017 年 2 月 15 日，浙江世宝 A 股股价高达 35.58 元人民币，但 H 股低到 9.070 元港币的尘埃里。

目前恒生指数平均市净率仅 1 倍，远低于过去 10 年的均值，即使考虑 2011 年后港股估值下移，现在依然是很低的位置。

香港市场内地化

不仅股市，香港商业楼盘也如烟花般耀眼。中环写字楼价格远远高于伦敦、纽约，中环甲级写字楼每平方英尺租金为 302 美元，相比之下，伦敦西区为 197 美元，纽约中城区为 194 美元，很大程度上是内地公司的功劳。

《21 世纪经济报道》引用戴德梁行的数据，2016 年中资机构在香港甲级写字楼共租赁了 40 万平方英尺的面积，其中 65% 位于中环。中环甲级写字楼新租赁成交达到 50 万平方英尺，其中 60% 的租赁方为中资机构，而 2015 年该比例仅为 31%。当时，内地企业占香港各区甲级写字楼总面积的比例达到 11.7%，相比 2011 年的 8.6% 明显增加。

戴德梁行香港区董事总经理萧亮辉指出，中资机构占用中环甲级写字楼的楼面比例，由 5 年前的约 13%，增加至 2016 年第四季的约 19%，今后还会上升。事实也的确如此，香港是内地公司、金融机构国际化的前哨站。如果不是香港住宅被政策卡住，相信内地投资者会疯狂在香港买住宅。

香港股市与写字楼价格狂涨，是内地资金推动的结果，中国未来改革的方向在香港体现得淋漓尽致。内地经济要靠高效的创新企业拉动，腾讯等公司的股价涨跌成为显著的风向标，内地资金从外围低估值股开始，疯狂追逐这一概念。

经过这一轮市场热潮，香港市场内地化将更加明显，而内地通过香港展示了市场化和国际化的决心。香港的热度取决于内地经济改革，而与金融相关的资产价格，就是显示内地经济热度、资金疯狂程度的温度计，直接插在内地经济体的嘴巴里。

金融为实体服务，“割韭菜”的刀子变钝

2016 年 12 月 14 日至 16 日，北京，2016 年中央经济工作会议召开。会议指出，2017 年是实施“十三五”规划的重要一年，是供给侧结构性改革的深化之年。以时间换空间，金融定调为实体服务，以后不会让富豪利用金融市场，使富翁更富、穷者当“韭菜”。“割韭菜”的事情还会有，但数量会减少。

2016 年 12 月 14 日到 16 日，中央经济工作会议召开，经济保持稳定，金融定调为实体服务，以时间换空间，以后不会让富豪利用金融市场，“割韭菜”的事情还会有，但数量会减少。

金融去杠杆，控制系统性金融风险是重中之重，货币“保持稳健中性”，强调“把防控金融风险放到更加重要位置”，无论是股票、债券或者房地产市场，一定会加强监管。另一方面，如果风雨飘摇时央行必须出手，当局不会允许再出现类似2015 年上半年股票市场崩盘等现象。但市场阵痛加剧，去杠杆一定是震荡加剧的过程。

新成语“房住不炒”

2016 年地产升温，“十一”之后热门城市出台严厉的房地产调控措施。有人认为这是为了扼制房地产，其实是为了控制金融风险，以免出现中国金融危机。

2017 年，坚持“房住不炒”，也就是“房子是用来住的，不是用来炒的”的定位。综合运用金融、土地、财税、投资、立法等手段，加快研究建立适应市场规律的基础性制度和长效机制，既抑制房地产泡沫，又防止出现大起大落。不同的城市施用不同的政策。

市场反应迅速，热门城市降温，二三线城市增加人口去库存。很有意思，高铁时代原本是人口继续向大城市集中的过程，但从控制房地产金融风险的角度看，又必须引导人口向三四线冷门城市流动。看最后“拔河”，政策与市场谁的力气大吧。

房地产还会惯性增长，从总体来看，房地产保持稳定不疯涨，已经算是给政策一个天大的面子。但从个别城市来看，有些仍然狂涨，最近在东部沿海看了两个热门楼盘，那场面可以说是热火朝天。有些库存去了十年没去掉，主要集中在东北和西北的三四线城市。

资金外流渠道被堵，而境内实际通胀难以回落，因此，房地产作为重要投资品的实际功能，暂时不会变。本质上，目前的政策是为了降低房地产投资杠杆，让购房者付出真金白银，而不是要禁止投资，这做不到。

股市曾经为融资而生

无论是国企重组，还是发展新经济，融资压力有一半在股票市场。最早，A 股的诞生就是为了融资用的，自带镰刀属性，在 2015 年后的四五年时间里，出现大牛市是不现实的，因为股票市场压力太大；去产能、创新、上市与重组等压力，2017 年只会大于 2016 年。

据清科研究中心的数据，2016 年前 11 个月，海外 16 个市场和境内 3 个市场共有 231 家中企上市，合计总融资 2714.25 亿元人民币。其中，182 家中企在境内市场融资 1243.89 亿元人民币，上市数量和融资额同比分别下降 5.2%、18.9%。

从平均融资额看，2016 年，境内市场每家上市公司平均融资额达到 6.83 亿元，同比下降 14.4%。

表面上看是融资额下降了，但上市家数并不少，尤其在 2016 年上半年 IPO 基本停滞的情况下。到了下半年，IPO 速度变得极快，截至 2016 年 12 月 16 日，每周都发 IPO 批文，持续了 7 周，按照这样的速度，排队的 700 多家拟上市公司一年可以全部上市，这被质疑超出了市场的承受能力。

监管层为什么坚决保 IPO？就是为了让更多的企业直接融资，融资功能依然是股市最重要的功能之一。

再融资会被严格控制，无关痛痒的重组、旨在增加资产泡沫的重组与定增等，都要小心了。2016 年 12 月 15 日，广田集团公告，决定终止筹划非公开发行股票涉及收购资产构成重大资产重组事宜，公司股票将于 12 月 16 日起复牌。同一天，*ST 南化决定终止筹划重大资产重组。12 月 16 日，TCL 集团公告，TCL 集团重组停止，TCL 集团、深纺织 A 股票将于 12 月 19 日复牌，并分别承诺两个月内不再筹划重大资产重组事项。12 月 18 日，万科 A 公告终止与地铁集团重大资产重组。

截至 2016 年 12 月 16 日，2016 年约有 230 家企业发布终止重大资产重组或终止筹划重大资产重组的相关公告。2015 年全年，这一数据仅为 50 多家，这个重大的变化，显示“割韭菜”的刀子变钝。

由于股票融资压力巨大、货币去杠杆，所以大牛不可能；由于股票市场的重要性，所以大跌也不可能。用震荡换空间，是必然之选。

至于其他交易所，除了期货等市场外，那些假借着金融创新的名义成立的各类不靠谱的文交所、稀有金属交易所等，将受到严控。一场债券回购的危机，替 2016 年画上了句号，这预示着 2017 年的句号，将是“严监管”

和“去杠杆”。

P2P、稀有金属交易所大规模重演根本不现实，就是有富豪“演员”，也没有任何监管部门愿意配合演戏了。

中国市场要不要跟着美国跑？

你以为金融业就是分析模型？错！金融业首先要分析政策，错一次就会破产一次。未来五年，金融的关键词是稳健，跌不到哪里，涨不到哪里，在稳健的过程中完成转型。

2017 年 7 月，金融界就一件事，分析全国金融工作会议。你以为金融业就是分析模型？错！金融业首先要分析政策，分析错一次就得破产一次。

五年一次的全国金融工作会议，定下了未来五年中国金融的发展基调。紧缩也好，扩张也罢，中国金融不会再跟着美国跑。如果说以前金融是一个马拉松方阵，由美国领跑，中国在方阵中跟跑。现在，中国悄悄离开了美国方阵，开辟了一块自己的天地。

美国加息，中国会跟着加吗？不会。

美国房价崩溃捅破金融泡沫，中国学着捅破吗？不会。

巴西雷亚尔价格大跌，中国也学着让汇率大跌吗？不会。

未来五年，市场的关键词是稳健，跌不到哪里，涨不到哪里，在稳健的过程中完成转型。

金融大佬海外度假吃鹅肝的日子结束了

基调定下来了，金融是为实体经济服务的，不是用来空转当手套的。中国不能向现在的美国金融业看齐，而是得向工业时代的美国金融业看齐；

当时美国出口跟现在的中国一样多，到欧洲发债，回美国办企业修铁路。

实体经济转型转得满头汗，金融业倒是一骑当先；从事金融业的人拿着千万、百万年薪，动辄海外度假吃鹅肝，这样的好日子结束了。

金融民工们别嚷嚷现在工资少，接下来也不会多多少，金融业赚钱越来越不容易。在整体经济挤泡沫之前，金融业的财富泡沫会被先挤出去。

原因有三：

1. 监管套利漏洞少了，隐性加杠杆被阻止。银行间资产、债务转来转去，银行同业和投资，相当于隐性的放杠杆，被一把捏住命门。

我不相信以前监管者不知道银行同业的严重性，而是不愿管。银行变相加杠杆反正不体现在资产负债表上，大家都这么干，不这么干让业绩下降的才是傻瓜。

决策已定，靠监管套利赚大钱的好日子，快要过去了。

2. 金融业由一个“妈”监管。以前“一行三会”谁也不服谁，就是在一起喝茶也没用。现在，设立国务院金融稳定发展委员会，由“央妈”负责。

“一行三会”互相不服气，倒也没什么，关键是给金融机构带来了巨大的套利空间。保险公司成为股权投资者，银行员工用萝卜章卖票据，到现在为止，也没有找出谁该为 2015 年股灾负责，这样下去，迟早会再爆发一次危机。

有了一个“妈”，穿透式监管相对容易，但最终结果如何，要取决于这个“妈”的能力与公信力。

3. 实体经济是主导，最能干的人会进入高端制造业和高端服务业，他们可以通过高薪、股权、上市得到财富。

新股发行是为实体经济服务的，不是为这个系、那个系服务的。别骂证监会，再骂也没用，发行新股才能部分解决创业者的融资难题，才能发挥财富效应。

隔壁王二创业成为上市公司董事长了，二狗子你怎么不能呢？二狗子们只有拼命干。

价值投资成为主导

沪指上升，价值投资成为主导，我们维持对股市的判断，大牛市没有到来，区间震荡底部逐级提升，速度如同乌龟爬。

风险投资基金与并购基金，是最有上升空间的投资品种，不像其他基金有玻璃天花板。因为前者为创业服务，后者吃掉僵尸企业。这次会议把国有企业降杠杆作为重中之重，抓好处置“僵尸企业”工作。让企业破产社会成本太高，并购重组是处置僵尸企业社会成本最低的办法，大鱼吃小鱼，大鱼也承担了小鱼的生活成本。

险资日子不好过，“宝能现象”一枪结果了万能险加杠杆。没有套利空间，没有大规模加杠杆，就没有大鳄，只有成长的鲸鱼。

受打击最大的是地方政府

金融工作会议明确提出，“各级地方党委和政府要树立正确政绩观，严控地方政府债务增量，终身问责，倒查责任”。地方政府债务跟银行坏账一样，得终身问责。

地方政府官员心里那么一想，借债发展的是地方经济，结果我要被终身问责，划不来啊，得，咱别借了。还有一种办法，是明修栈道，暗度陈仓，即地方政府购买服务变相负债，现在不少地方政府是这么干的。

紧箍咒套在地方政府头上。

政府资产负债表由国家统计局编制，跟银行一样，地方债务也进行穿透式检查。国家统计局编制全国资产负债表，把各个地方资产、负债查清楚。

财政部加上一巴掌，“50 号文”再次强调地方政府举债一律采取在国务院批准的限额内发行地方政府债券的方式，除此以外地方政府及其所属部门不得以任何方式举借债务，剑指地方政府的或有负债（担保）、地方政府融资平台以及 PPP 项目（Public-Private Partnership，政府和社会资本合作）。

菩萨伸出了手，孙悟空也逃不出手掌心。

以前不管，是想看看不管会成什么样，果然成了个熊样。现在管了，再糟也不会比股灾时更糟糕。一切向实体经济看齐，这是重点的重点。

保值，不能拿现金

2017 年政府工作报告回顾了“十三五”开局之年取得的成就，同时部署了 2017 年九大工作任务。市场更感兴趣的是，现金能保值吗？要不要把现金换成其他稀缺资产？20 年后，1000 万元能够体面养老吗？

保值得需要投资，把现金换成其他稀缺资产

2017 年是投资大年，M2（广义货币）增速不会明显低于 2016 年。

固定资产投资是重中之重。根据政府工作报告，2017 财年的投资目标是：铁路建设投资 8000 亿元，公路水运投资 1.8 万亿元，再开工 15 项重大水利工程，继续加强轨道交通、民用航空、电信基础设施等重大项目建设。中央预算内投资安排 5076 亿元。

2016 年的投资成果是，高速铁路投产里程超过 1900 公里，新建改建高速公路 6700 多公里、农村公路 29 万公里。城市轨道交通、地下综合管廊建设加快。新开工重大水利工程 21 项。新增第四代移动通信用户 3.4 亿、光缆线路 550 多万公里。

2016 年固定资产投资增速是 8.1%（扣除价格因素实际增长 8.8%），国家发改委设定的 2017 年全社会固定资产投资增长目标为 9% 左右，低于 2016 年 10.5% 的预期目标。为了稳定经济，这两年固定资产投资增速应该在 8%以上。

固定资产投资资金来源于中央、地方财政，民间资金，以及最重要的

银行贷款，换句话说，中国的负债率不会有太大好转。

货币虽然是稳健中性，但由于基数过高，增速一度过高。2017 年 3 月 5 日，《政府工作报告》起草组负责人、国务院研究室主任黄守宏在国务院新闻办公室发布会上表示，2016 年广义货币 M2 增长 11.3%，低于 13% 左右的预期目标，如果 2017 年 12%，6 年左右翻番。从 1990 年到 2016 年，26 年间 M2 余额增长了 101 倍，最近十年间增长了 4.5 倍，M2 与 GDP 之比超过 2。如果在目前 155 万亿元的基础上翻番，是让人瞠目的天文数字。

总结成一句话，手持现金是做公益。

创新企业股权投资将是风口

中国将近 14 亿的人口，就业居然非常稳定，最近统计的失业率创历史新低。在总结 2016 年的成果时，《政府工作报告》有如下表述："大众创业、万众创新广泛开展，全年新登记企业增长 24.5%，平均每天新增 1.5 万户，加上个体工商户等，各类市场主体每天新增 4.5 万户。新动能正在撑起发展新天地。"

2017 年高校毕业生 795 万人，创新、创业两个好处：一是可以寻找未来的腾讯与阿里巴巴等企业，二是可以在经济转型期保持就业稳定。

市场将向创新企业倾斜，《政府工作报告》再次提及深化多层次资本市场改革，并提到积极发展创业板、新三板："深化多层次资本市场改革，完善主板市场基础性制度，积极发展创业板、新三板，规范发展区域性股权市场。"截至 2017 年 3 月，新三板已经有 1 万多家公司，有 949 家创新层公司；作为回应，创新层指数连涨了十几天。

创新、科技、独角兽是三个关键词。

房地产“千城千策”还将维持很长时间

与以往房地产政策不同，现在房地产强调“稳定健康”发展，因城施策去库存；再考虑到前面所说的货币因素，指望房价大幅下跌抄底的人洗洗睡吧。

目前三四线城市房地产库存仍然较多，要支持居民自住和进城人员购房需求，这恰好与户籍制度改革联系在一起。

2017 年“两会”上，傅莹女士说了，今年不用担心房产税。2018 年“两会”，楼继伟说，房地产税年内“一读”。这个非同寻常的信号显示，政策已经不是以前的政策，用常态无法理解。

掌握市场命脉的企业大佬们对未来怎么看？

2016年杭州云栖大会上，马云提出五新：新零售、新制造、新金融、新技术、新资源。针对马云的这一番讲话，宗庆后、董明珠、李东升针锋相对，继而引发所谓“虚实之争”。谁是虚？谁是实？如何虚？如何实？

实体经济和虚拟经济之争

2017年开年，有两场大的舆论战在延续：一是由保险资金争夺股权引起的实业家与资本家的争论，另一场是由宗庆后与马云引发的实体与创新之间的争论。

如果这两场争论没有一个倾向性的结果，会导致中国经济倾斜，疾速向另一个方向前行。

2016年12月25日，央视财经频道播出《对话》节目，邀请了TCL集团董事长李东生、娃哈哈集团董事长宗庆后、格力电器股份有限公司董事长董明珠做客，共同探讨中国制造业“寒冬”的深层原因。

宗庆后非常憨直，针对马云新近提出的“新零售、新制造、新金融、新技术、新资源”这五新，表示“除了新技术以外，其他都是胡说八道”。其他两位委婉一点，但也态度鲜明，李东生表示除了“新技术”之外，其他看不明白，董明珠表示，宗庆后讲的是实话，“刚才讲的新技术，因为我们技术不断地要去创新，请你把‘新’字拿掉，都是以前原有的，都是存在的”。

马云隔空回应。

2016 年 12 月 29 日，马云在出席“江苏省浙江商会十周年大会”时，主动谈到了实体经济和虚拟经济之争，表示“企业没有实体和虚拟之分，只有好企业和坏企业之分”，在新的时代背景下，“不是互联网冲击了你，是保守的思想、不愿意学习的惰性淘汰了你，是自以为是淘汰了你”。

很难想象，“宗庆后们”是拒绝创新、是保守的。宗庆后在商业渠道、产品开发方面的创新能力并不逊色；董明珠先后与马云、刘强东联手推动格力电商化，从手机到新能源，更是处处走在创新的前列；李东生也进行了国际化与互联网化的尝试；按他们的发展愿景，智能家电、场景互通必定在选择的行列之内。

企业家争论的到底是什么？

现在是互联网线上线下融合时代，没有人再说什么“互联网 + ”“ + 互联网”了，就像没有人再说什么汽车时代、铁路时代一样，技术发展渗透进了经济的血液之中。

保守的企业家常被比作汽车时代来临之前的马车夫，他们可怜而可悲，发出阵阵悲鸣，最终还是跟马一起，被淘汰出交通工具的行列，被迫拥抱汽车时代。

20 世纪八九十年代成长起来的中国企业家，跟马车夫不一样，他们经历过最艰难的险滩，不缺勇气，不缺创新意识。如果企业界的精英人士愚蠢保守，中国经济不可能在实体领域获得如此巨大的成功。

既然如此，董明珠、宗庆后与马云等企业家争执的到底是什么，为什么会撕破脸给对方贴上定制的标签？

他们争论的，是中国经济发展方向的大问题，是中国经济到底该往哪儿走的大是大非问题，这直接决定了中国的未来，也决定了这些企业自身的未来。

这些大佬直接上阵喊话，相当于金庸小说里面少林高僧比拼内功的阶段。

以电商发展为例，2016年6月，中国国际电子商务中心研究院发布《中国电子商务报告（2015）》，数据显示，2015年，中国电子商务交易额达到20.8万亿元人民币，同比增长约27%；网络零售额达3.88万亿元，同比增长33.3%，其中实物商品网络零售额占社会消费品零售总额的10.8%。截至2015年年底，全国通过开设网店直接创业就业的人员已超过1100万人。

电商发展已经不可逆，但税收、通关、财政等各方面的管理还没有跟上电商发展的步伐。问题来了，到底是互联网、全球化要等政府管理的步伐，还是政府赶快改变游戏规则？

政府试图对"海淘"等收税，却受到抵制；我听说过一些案例，规则规定得很严，这是陷民以罪的节奏。

以现在的模式发展下去，对于老实按现行规则缴税的线下企业非常不利，线上企业要生存，线下的小摊小贩小店家背后也联系着千万普通人的生计，既然都是创新，无论是线上还是线下，一视同仁就是必须的。一视同仁地征税，一视同仁地减税。

还有一个根本性问题：中国经济工业化时代，要不要直接向美国看齐，走向虚拟资本大爆发时代？

金融市场之所以搞得如此复杂，就是全球在美国的带领下发放货币、美元与黄金脱钩之后大规模赖账的结果。历史上工业化成功的国家，成功渡过中产收入陷阱的国家，没有一个是在工业化初中期就开始大规模实行虚拟经济的。

中国更极端，25 年的时间，广义货币从 1.53 万亿元上升到 150 万亿元，经济虚拟化严重，信用却远不如美国；资金如火山一样，不是从这里爆发，就是从那里爆发，过度虚拟会害死中国经济。

中国经济必须走出有特色的法治市场之路。在说大道理之前，我们要问的是，疯狂收购上市公司股权的钱到底是哪儿来的；大规模套现，给了市场多少回报？这样的问题来得更实在，对经济更有利。

一个好的制度绝不能让老实人吃亏。

原材料价格为什么坐上火箭，涨得如同房地产？

我们以为钢铁价格已经很高了，结果没有最高，只有更高；简直跟房地产价格一样，涨得让你怀疑人生。钢铁、煤炭、有色等行业利润上升，也得施惠于电力等企业，说白了，得到好处的煤炭企业不能吃独食，必须把部分收入分给电力企业，大家一起去杠杆。这一次变革是革命性的，将持续十年以上的时间。原材料涨得让你怀疑人生，只是经济转型的第一次战役。

A 股是隐性牛市，并且一些行业会继续牛下去。

这是因为中国市场发生了本质上的变化，修复资产负债表衔枚疾进，看清楚新的逻辑，才能立于不败之地。

去产能提升利润，使高负债高杠杆周期化险为夷。去产能有利于大企业与银行，去债务有利于大企业，转结构有利于创新企业。

由于去产能，原材料价格涨得厉害，自然降低了资源行业的负债率。

2017 年 8 月 1 日，国家统计局公布 7 月份制造业 PMI 指数 51.4，处于景气区间。两项指标大幅上升：原材料购进价格指数从 50.4 上升到 57.9，出厂价格指数从 49.1 上升到 52.7。原材料、产品价格都在大幅上升。

细分行业出现同样情况

据涂料采购网统计，2017 年上半年，部分涂料原材料产品价格涨幅明显。截至 2017 年 7 月 13 日，聚合 MDI 产品报价 24857.14 元 / 吨，同比上涨 95.55%；钛白粉价格报价 18900.00 元 / 吨，同比上涨 43.24%；乙二醇报价 7150.00 元 / 吨，同比上涨 35.45%。另外，丙烯酸、醋酸二氯甲烷、三氯甲烷等多个原材料产品价格同比涨幅均在 30% 以上。

股市周期股表现得非常明显

从钢铁板块看，2017 年 7 月 31 日，钢铁板块 PE（市盈率）中值 23.54 倍。从 2007 年以来，板块 PE 最低的时候是 2008 年 10 月 31 日，低至 5.57 倍，最高的是 2015 年 4 月 24 日，PE 为 122.27 倍。

煤炭板块，2017 年 7 月 31 日 PE 为 28.06 倍，最低的时候是 2008 年 11 月 7 日，板块 PE 为 8.73 倍；最高的时候是 2015 年 6 月 12 日，剔除负债，PE 高达 129.23 倍。

2008 年受金融危机影响，原材料板块大幅下降。2015 年股灾之前，则是资金加杠杆造成的“假牛”。而此次的原材料价格上涨是去产能造成的，并且上去了就很难下来。

我们以为钢铁价格已经很高了，结果还会继续高，跟房地产价格一样，它会涨得让你怀疑人生。

大型企业负债率下降，下降再下降，资产负债表修复刚开始

去产能让钢铁价格上升，目标是提升行业集中度，降低行业负债率——我们不需要那么多钢铁公司。2017 年 7 月 28 日，中钢协召开五届六次常务理事（扩大）会，工信部原材料工业司巡视员骆铁军在会上称，2016 年全年钢铁行业平均负债率下降 1% 左右。

中钢协披露的数据显示，其会员钢铁企业2016年的资产负债率为69.6%，要在3—5年内将中国钢铁行业的平均负债率降到60%以下，每年财务费用下降数百亿元。

钢铁、煤炭、有色等行业利润上升，也得施惠于电力等企业，让企业负债率整体下降。

果不其然，2017年7月26日，发改委、财政部、央行、国资委、工信部等16部委联合印发《关于推进供给侧结构性改革防范化解煤电产能过剩风险的意见》，煤电企业要受益了。

与钢铁企业一样，煤电行业也要淘汰中小企业，淘汰违规建立的企业，打通上下游产业链，“鼓励煤炭、电力等产业链上下游企业发挥产业链协同效应，加强煤炭、电力企业中长期合作，稳定煤炭市场价格。支持优势企业和主业企业通过资产重组、股权合作、资产置换、无偿划转等方式，整合煤电资源”。

说白了，得到好处的煤炭企业不能吃独食，必须把部分收入分给电力企业，大家一起去杠杆。

《人民日报》说话了。2017年7月31日，《人民日报》发表了一篇文章，名为《去产能别纠结，更大的甜头在前方》，文章说，去产能类似刮骨疗毒，不能纠结于眼前困难。可见，2017年年中，周期股还没有见顶。

钢价上涨了，“地条钢”死灰复燃？门儿也没有。2017年7月29日，新华社报道，党中央国务院再次强调：取缔“地条钢”、化解过剩产能要坚定不移推进，防止死灰复燃；对顶风作案的要坚决依法严惩，对监管不力的要严肃问责，务必做到令行禁止。看看，这不仅仅是经济任务，更是一项政治任务，有多少地方政府敢顶风作案？

修复大型企业的资产负债表，就等于修复银行资产负债表，实体企业、银行是一条船上的战友，修复资产负债表的战役远未完成。

2016年第四季度末，商业银行不良贷款率为1.74%，比上季度末下降0.02个百分点，银行不良率自2012年第一季度以来首次下降。2017年5月10日，银监会发布2017年第一季度末的数据，不良贷款率仍为1.74%，这还是一些银行拨备覆盖率下降之后的结果。

去杠杆、去产能怎么可能结束？

制造业两极分化，“大型恐龙”也会倒地而亡

既然供给侧改革资源价格上涨得厉害，有朋友问，现在还能进制造业吗？回答是，没有技术优势，没有品牌优势，没有数字优势，进去就是找死。已经进去的，赶紧出来。

能够在全球获得成本优势，或者小而美、有技术独创性的企业，会活得不错。

有多少制造企业会退出？据中国涂料采购网的分析文章，2017年9月底之前，整改不合格的企业将被彻底关停，涉及的企业达17.6万家，可谓规模空前。2015年，全国规模以上涂料企业也仅2007家。

人工成本，环保成本，加上去产能，逼得很多制造企业乖乖退出市场。这里面多数是“小恐龙”，也有百丽这样的“大恐龙”。有人说是被马云逼的，我说，是时代逼的。

有些资源性企业独占好处，不肯分肥于人，甚至还放出狂涨的风声，监管层就不得不过问了。方大炭素就是一个例子。2017年7月，上海证券交易所似乎第一次针对券商研究报告提出问询函。这是“第22条军规”：如果方大炭素认为该研究报告不真实，发布研报的公司难逃处罚；如果这条研究报告是方大炭素提供的数据，方大炭素难逃处罚。左右为难，只能停牌。

原材料价格涨得让你怀疑人生，只是经济转型的第一次战役！

第二章　美国加息降税贸易战重压中国，中国有什么后手？

人民币汇率创新低，对民众没有太大影响

在“黑天鹅”成群的市场，所谓的预测不过是“火鸡们的预测”。在复活节之前，火鸡们永远不知道吃饱喝足挨一刀的日子就此结束。人民币对美元，6.83是关键点位？笑话。预测人民币汇率跌到7以下，还是涨到6以上，已经失去了意义。该资产配置的资产配置，该创业的创业，该上市的上市。吃瓜群众们，大家散了吧。

汇率创一次新低，再创新低很容易，就像人，失去一次底线，再失底线很轻松。

用2016年的数据为大家做个实例分析。2016年11月17日，中国外汇交易中心数据显示，人民币中间价逼近6.87，报6.8692，连续10天下调，追平2015年12月最长连跌纪录。前一天，离岸价格突破6.89关口，再创历史新低，在岸人民币再创近8年新低。

不必太着急，央行都不急，对汇率市场乐观其成，我们急个什么劲。

只要央行和中国大银行一动手，做空的人就腿抖。香港这个全球最大的人民币离岸市场的隔夜拆借利率维持平稳，2016年11月16日香港人民币隔夜拆借利率略有上升，17日就下跌，在区间范围内波动。不动用大幅提高人民币拆息利率的手段捍卫汇率，说明央行不觉得有必要呵护什么汇率的关键点位。

控制权在我们手上

控制权还在我们手上。路透社援引交易员信息称，2016 年 11 月 17 日大行在 6.87 关口站岗值守，自营盘见状纷纷止盈。但油盘购汇较多，汇价在 6.87 附近争夺。只要国内大银行出来站岗，做空者就会停止狂欢。类似于索罗斯大战英格兰银行并最终获胜的大戏，别指望在香港上演。

全球市场没有净土，人民币兑美元下跌，其他货币兑美元也好不到哪儿去。乌鸦落在猪身上，谁也别笑谁黑。

人民币虽然对美元下降，但 CFETS 人民币指数是稳定的，人民币只要兑一篮子货币稳定，中国出口短期不会受到致命影响。至于按美元计进口价格会提升，前两年买了足够多的原油、铁矿石，所以，汇率下降暂时没事。

在 2017 年 6 月美联储加息之前，中国央行就收紧了资金，央行"打桥牌"本事不错。6 月，市场上疯传央行发行 2.5 万亿元，实际上央行并没有大放水。反过来说，有这样的传言，说明此前市场资金确实比较紧张，打探了一下民间借贷利率，有大幅上升的苗头。2017 年 6 月 6 日，央行开展 4980 亿元 MLF（中期借贷便利）操作；6 月共有 4313 亿元 MLF 到期，其中 6 日有 1510 亿元的 6 个月期 MLF 到期，7 日有 733 亿元一年期 MLF 到期，16 日有 2070 亿元一年期 MLF 到期。央行通过 MLF 向市场净投放 667 亿元，净投放数量并不多。

央行之所以在美联储加息之前收紧资金，银监会之所以严厉监管，就是要赶在美国加息之前行动，获得主动权。现在，人民币稳定了，咱们还有特制"麻辣粉"，绝不跟着美联储加息。

人民币兑美元大幅贬值，其实是个窗口期。

让我们简单回顾一下当时美国的情况。

一方面特朗普与奥巴马交接班，美国国内自顾不暇，从医保到基建、非法移民遣返，特朗普要面对一个又一个“臭鸡蛋”，人民币汇率不大可能成为优先议题。

另一方面特朗普的大嘴巴和大选期间的极端表现，让欧洲心生戒心。在竞选期间，特朗普曾表示，美国已经没钱继续“无偿”地为欧亚盟友提供安全保障，如果北约盟友不出钱，美国就可以撤走保护；特朗普成功地让欧洲恐慌，在安全上自力更生。

特朗普获胜后，欧盟委员会主席容克呼吁建立独立的欧洲军队，因为欧洲将无法长期依靠美国保障其安全。与此相类似，特朗普还会要求日本、韩国政府支付更多的安保费用，成功地在亚洲搅局。TPP 协定（Trans-Pacific Partnership Agreement，跨太平洋伙伴关系协定）一枕黄粱，日本会睡不着觉。谢谢，人民币的好朋友。

如果美国实行积极的财政政策，在效率没有提高的情况下，可能产生较严重的滞胀，美联储必须提高利率。此时人民币不贬，更待何时？

现在人民币贬值，是为了更好地应付不确定性进一步加剧的未来，蹲下是为了起跳。人民币兑美元可能会反转。如果 2017 年 12 月 14 日美联储议息会议确定加息，比较糟糕的情况是资金加速回流美国，中国既不能跟随加息增加地方政府和企业的债务成本，又不能降息。

应对可能出现的困局，办法很明确，收紧人民币外流的通道，不再唱资本账户自由兑换的高调，现在汇率贬值，就是为了不让资金轻易离开。人民币贬值砸出一个大坑，美联储加息资金回流，人民币反而有升值的空间，以吸引国际资金。

央行不犯“二”

2017 年 5 月 26 日，中国外汇交易中心发布公告显示，建议在中间价报价模型中增加逆周期因子，主要目的是适度对冲市场情绪的顺周期波动，使中间价报价更加充分地反映我国经济运行等基本面因素。

自从引入逆周期因子，2017 年 5 月美元指数下行幅度为 2.1%，人民币大幅升值后，全月在岸人民币升值 1.2%，离岸人民币升值 2.2%。人民币改变了被空头吊打的局面。

增加逆周期因子就是为了改变“羊群集体疯狂”“多就太多、空就太空”的效应。以前，如果投资者对人民币悲观，可以通过人民币中间价“参考收盘价”预测到第二天的价格。

新加坡华侨银行经济学家谢栋铭计算认为，以前人民币太容易赚钱。在 2017 年 5 月 26 日公布新的定价机制之前，人民币又陷入同样的问题，如果美元走强，空人民币兑美元，如果美元走弱，空人民币兑篮子，是稳赚不赔的交易。

这样下去，中国央行不是犯“二”吗？

央行加入逆周期因子后，一段时间，原来的赢利模式行不通了。一直到 2017 年 6 月 10 日左右，谢先生表示，路透社每天早上提供的人民币中间价预测中已经开始直接量化逆周期因子的贡献，此外各家机构预测的误差也显著收敛。

人民币贬值，房价股价岿然不动

人民币大幅贬值，房地产、股票等价格我自岿然不动。

央行发布《2016 年第三季度货币政策执行报告》，强调“弃汇率、稳房价”和“弃房价、稳汇率”两种观点夸大了各自领域的风险，都不是好办法。房价与汇率都不弃，都要在可控的范围内。

“保汇率还是保房价”是个伪命题，因为在被控制的市场中，不存在什么“不可能三角”。

从以往的市场表现来看，人民币升值、银行存款利率维持在高位，导致热钱回流，无论在天涯海角，国人想在北上广买房的心是相同的。一旦人民币贬值、银行利率不占优势，资金撤出内地，房地产、股票等资产价格下降，房地产可能崩盘。

别想多了，资金撤出不会多到让内地资产价格崩盘的程度，否则，央行早一刀下去不准任何资金外流了。该流出的资金已经外流，根本看不住，有些人早十年就让家人在南加州晒太阳了；而另一部分资金去收购技术、品牌、土地和基础设施。

国内广义货币仍然保持两位数增长，只要面条价格一涨，大家心里害怕，就又乖乖买车买房买资产当“五好青年”了。从2015年到现在，从股市、楼市到期市，什么时候因为股市、期市跌了，大家就“剁手”不做了？

该资产配置的资产配置，该创业的创业，该上市的上市，吃瓜群众们，大家散了吧。天下没有新鲜的套路。

仅一年时间人民币已经涨得不认识了，发生了什么事？

2018 年 1 月 24 日上午，美国财长努钦发表评论，支持弱美元，美元指数狂跌到三年来新低 89.19，跌幅达 1%。1 月 25 日下午 2 点 40 分，美元指数下跌到 88.8648，下跌 0.35% 左右。2017 年 2 月 7 日，人民币对美元汇率中间价 6.86，到 2018 年 2 月 1 日，中间价为 6.3045，创 2015 年 8 月 11 日以来最高，一年时间，人民币大涨特涨。是中国经济突然成为全球第一，所以，人民币成为强势货币了？从大跌到大涨，到底发生了什么事？

特朗普政府的流氓手段

美元贬值，是为了促进美国贸易。努钦很直白地说："显然，美元贬值对我们来说是好事，因为它与贸易和机会有关。"

就在努钦唱衰美元的前一天，2018 年 1 月 23 日，美国参议院正式批准杰罗姆·鲍威尔担任下届美联储主席，成为近 30 年以来首位没有经济学博士学位的美联储主席。鲍威尔接任，美联储将更听特朗普的话，美元维持弱势。

唱衰美元的第一个人，是美国总统特朗普。

2017 年 1 月，美国总统就职典礼上，特朗普说，美元"太强大"，以至于美国公司无法竞争，尤其是对中国的竞争。这句话以后，美元指数下跌了超过 10%。

特朗普的政策就一句话：美国优先，美国优先，美国优先——恢复美国贸易强国地位，让美国工人有工作，让美国企业赚钱。

然而，大喊大叫不管用，美国贸易逆差还在上升。

据中国海关最新数据，2017 年中美贸易总值为 3.95 万亿元人民币，同比增长 15.2%，对美出口 2.91 万亿元，增长 14.5%，自美进口 1.04 万亿元，增长 17.3%，对美贸易顺差 1.87 万亿元，扩大 13%。《华尔街日报》表示，2017 年成为近五十年来美国对中国贸易逆差最高的一年。

这样的数据就像一个个巴掌打在特朗普脸上，让特朗普很抓狂。

美国政府开始反省自己所有的国际开放政策。这符合特朗普的性格，以不可能的姿态、以直接粗鲁的行为博弈，逼对方让步。因为，横的怕不要命的。

2018 年 1 月 19 日，在美国贸易代表署网站上，出现了两份分别关于中国与俄罗斯的报告，指责两国违反当初加入 WTO（世界贸易组织）的承诺和规范，并称美国当初“错误地”支持了中国在 2001 年加入 WTO。

2017 年 11 月，特朗普访问中日韩三国时都提到贸易逆差问题，访问中国后在推特上发文称：“中美贸易逆差不怪中国。我埋怨的是此前历任美国总统，是他们让美国陷入上千亿贸易逆差。”

以前美国总统干的事特朗普不会干，比如经济全球化，允许其他国家用低关税向美国出口，提高美元指数。在他眼里，所有这些事情都是交易，需要其他国家用真金白银向美国买。

一切都是生意，只是特朗普更加赤裸裸。

2018 年 1 月 22 日，美国贸易代表办公室宣布，美国将动用“201 调查”，对进口洗衣机和光伏产品加征“保护性关税”。

其他国家目瞪口呆——美国政府硬是从武器库里拿出几十年前的武器，擦擦灰，又用上了。

特朗普批准对进口光伏产品和大型洗衣机分别采取为期 4 年和 3 年的全球保障措施。美国贸易代表希特莱泽用煽动性的语言说："总统的行动再次表明，特朗普政府将永远在对外贸易方面保护美国工人、农民、农场主及企业。"

煽动情绪，获得民众支持，然后讨价还价，让对方付钱，这是特朗普的绝招。

2017 年美元指数下行，结果美国贸易逆差还是在上升，通常的逻辑是，美元指数下行没用。可是，特朗普的逻辑是，贸易逆差上升，说明美元指数下行不到位，还要继续跌跌跌，跌到有用为止。

特朗普政府之所以敢放任美元下跌，是因为他们知道，美元指数就算大跌，也动摇不了美元的全球地位。2011 年，美元指数跌到 73，天没有塌下来。2009 年 12 月底，欧元兑美元上升到 1.5 比 1，挺过来了。

美国财政部长努钦在达沃斯一方面表示，相信美元的长期强势地位，另一方面补充，美元的短期价值"根本不是我们的担忧"。看来，美元大幅下跌就是有意的，就是特朗普政府要给贸易对手一点颜色看看。

这就是流氓手段。

以前，美国出现市场危机，美元大跌之后大涨，在全球收割一波"韭菜"，自己能够"还魂"。现在，其他国家严阵以待，特朗普政府索性当剪径的强盗，你必须给，你不给，我打压本币，增加关税。

人民币疯了吗？

2018 年第一个月，在岸人民币累计涨幅已达 2200 点，为 1994 年汇率并轨以来最大单月涨幅；离岸人民币兑美元大涨逾 2100 点，创下历史最大月度涨幅纪录。

有涨，就有跌，今年1月，美元指数累计跌幅超过3.6%，是2016年3月以来的最大月度跌幅。

以前，人民币大涨大跌，“央妈”会给市场服一颗镇定剂。可是，从去年到今年，眼睁睁看着人民币大涨特涨，“央妈”看着市场发疯，微笑不语。

人民币汇率上涨，算是送给特朗普的大礼包。

2018年1月27日，《人民日报》旗下微信公众号“侠客岛”发表一篇长篇文章《特朗普，你变了》，盛赞特朗普上台一年来美国经济的亮丽表现，对特朗普本人赞赏有加。这还是我们熟悉的那家媒体吗？

比如这一段：“从某种程度上来说，特朗普的确有改变华尔街精英们的‘资本’。过去这一年，美国经济创造了最近三年来连续两个季度GDP增长达到或超过3%的纪录；美国失业率降至4.1%，为17年最低，创造了240万个就业机会，其中拉美裔和非洲裔的失业率为有史以来最低；蓝领工人的工资增长也快于平均水平；美股指数创历史新高，标普累涨21%，向26000点迈进，史上第四佳。”

照死了夸，夸到人家不好意思。这篇表扬稿跟特朗普2018年1月31日的国情咨文演讲相映成趣：“自选举以来，我们创造了240万个工作岗位，其中仅仅是制造业就新增了20万个，非常了不起。”

美元汇率在低位，美国好处大大的。美联储加息支撑信用，美元指数下行，变相减少国际负债，一箭双雕。2018年3月，美联储大概率加息，到时候美元还会有短期上涨，但美国债务还会上升。

其他国家没有抗议的声音，不是因为特朗普有讨好众国的特技，而是全球主要经济体复苏，从欧洲到日本，数据好转，暂时不会爆发债务危机。大家高兴之余，能搭把手就搭把手。

中国经济最让人高兴的数据是什么？

中国经济有个最让人高兴的数据，让我们先偷着乐。

在连续 6 年下滑之后，中国制造业 ROE（净资产收益率）从 2016 年第二季度开始改善，2017 年回升明显加速。

根据广发证券的研报，通过对制造业上市公司 ROE 的杜邦拆解，制造业 ROE 的回升主要来自于企业资产周转率的持续修复，而杠杆率的一阶变化也已开始出现试探性的扩张。

中国制造业效率上升，周转率上升，人民币兑美元下行，有利于逼退低效企业，我们是不是要额手相庆?

人民币汇率上升，还有两大好处：一是在境外借钱的企业还债压力小了；二是进口的产品多了。

2017 年 12 月，我国进出口总额 4088.9 亿美元，进口总额只比出口总额少 546.9 亿美元。进口增速 15.9%，出口增速 7.9%，进出口数据旗鼓相当。

继续大规模进口能源，国内不是要煤改气吗？据中商产业研究院大数据库，2017 年 1—11 月中国天然气进口量为 6070 万吨，与去年同期相比增长 26.5%。

原油进口超过美国，成为全球原油进口第一大国。根据美国能源信息管理局的报告，2017 年，中国原油进口总量为 840 万桶 / 日，超过美国的 790 万桶 / 日。就是放着不用，也能提升经济安全度。

我们强调汇率市场可控。

谁敢做空人民币，就打爆他的头。如果大家都做多人民币，再来收割一波羊毛。央行掌握武器，用利率手段就行。

大家还是愿意持有一点人民币。中国跟其他主要经济体有很大的利差。以国债收益率衡量，中国无风险利率明显高于其他主要经济体，尤其是短端利率。中国 3 个月期国债收益率在 3.3% 左右，而日本、英国以及主要欧元区国家的同期限国债利率接近或低于 0%。只要双方汇率不动，持有人民币就能赚钱。

说到这儿，有人会说，人民币会大涨特涨，涨上天。其实不会。如果影响到中国宏观经济与就业，如果对冲基金做多人民币大赚特赚，铁拳就会立马伸出，打爆！

美国税改，中国怎么办？

别把头埋在土里装鸵鸟了，美国税改，是全球范围内经济领域的“军备竞赛”。减税政策必将使美国成为全球税收洼地，企业、资金、人才回流美国，这是大趋势。在以往的静态平衡中，中国制造企业已经不占优势，现在以美国为首的国家又打破平衡，争相减税。如果中国跟着不采取行动，在下一个静态平衡中，中国企业必然处于劣势。

别把头埋土里装鸵鸟了，美国税改，是全球范围内经济领域的“军备竞赛”。

2017 年 12 月 2 日，美国参议院通过了特朗普的税改法案，美国企业税税率将从 35% 大幅降低到 20%。同时，美国还提高个税扣除额，以较低税率对美国企业转移回国的海外资产进行一次性征税等。

一句话，企业和个人的税负都减轻了。减税政策必将使美国成为全球税收洼地，企业、资金、人才都会回流美国，这是大趋势。

咱们这边还在幸灾乐祸地猜测美国减税政策效果，英国、法国、印度等其他市场化、全球化程度高的经济体早已采取减税行动，跟美国竞争。

具体来讲，英国计划将企业所得税率由 20% 调整为 15%，到 2020 年企业税率调低至 17%。印度于 2017 年 2 月宣布将消费税从 10% 调低至 8%，服务税下调两个百分点至 10%，同时对于年收入在 25 万卢比到 50 万卢比的人群，个人所得税税率从 10% 下调到 5%。法国新当选的总统马克龙也在竞选期间表示要将企业税税率由 33% 下调至 25%。

中国该怎么办？全世界都采取实际行动降低税负，难道咱们蒙着眼睛假装看不到，特立独行？

即使美国不减税，中国也需要减税

从当前中国企业的税负来看，即便美国不行动，中国也需要给企业减税。

世界银行《世界纳税指数2017》报告显示，中国宏观税负高达68%，远超过大部分发达国家。相比之下，德国总税率为48.9%，美国总税率为44%，英国总税率为30.9%。

由于统计口径和计算方法不同，许多人测算出的中国实际宏观税负没那么高，在30%～40%，既低于美国、日本和德国等发达国家，又低于韩国、巴西和俄罗斯等国，在全球主要经济体中属于偏低水平。

然而，无论怎么算，中国企业对税负苦不堪言的感受是真真切切的。

中国企业总税率，即企业实际应缴税费在利润中的占比在2015年高达67.8%，不仅高于主要发达国家，也显著高于印度、墨西哥以及东南亚等主要出口导向型经济体。华创证券根据上市公司数据估算的制造业各行业总税率也多数处于50%以上的高位，部分行业甚至高达80%。

让中国企业痛苦的还有劳动力成本的迅速上升、劳动生产率的低下等等。

根据国际劳工组织的数据，中国制造业人工成本从2000年的0.71美元/小时增至2013年的3.98美元/小时，十多年间每小时人工成本增长了约4.6倍，年均增速为15.4%。同期，美国、日本和德国制造业每小时人工成本年均增速分别为3%、2.9%和5%，巴西、墨西哥、捷克和菲律宾制造业小时人工成本增速分别为8.2%、2.5%、11%和6.4%。

跟东南亚各发展中国家相比，中国劳动力成本优势已经不存在。

2017 年武汉大学中国企业 - 劳动力匹配调查（CEES）结果显示，1978 年，中国劳动力月工资仅为美国的 3%，也显著低于泰国等亚洲邻国；2015 年，中国劳动力的月工资为 635 美元，达到美国的 20%，高于巴西、马来西亚、泰国、墨西哥、越南、印度等新兴市场国家，是泰国的 145%。

中国人吃苦耐劳举世闻名，对财富的热爱更是世界一流。2016 年，曹德旺因为质疑税收过高引发巨大争议，曹德旺承认，美国的劳动力成本仍比中国高，蓝领（工资成本）是中国的 8 倍，白领是中国的两倍多，所以福耀玻璃用机器取代劳动力是大势所趋。

但是，别忘了，中国劳动力生产效率跟美国更没法比，目前还不到全球平均水平的一半，不到美国的一成。

2016 年 9 月份，国家统计局发布报告称，2015 年我国单位劳动产出只有 7318 美元，低于 18487 美元的世界平均水平，与美国的 98990 美元相比，差距更大。收入的差距源于劳动生产率，2015 年我国劳动生产率水平仅为世界平均水平的 40%，是美国的 7.4%。

曹德旺认为，中国制造业税负太高

曹德旺 2016 年给出的数据是，美国对企业征收的所得税是 35%，加上地方税、保险费等其他 5 个百分点共 40%，而中国制造业的综合税负比美国高 35%。

天津财经大学教授李炜光测算，我国企业综合税负达到 50% 以上，在 21 个亚太经合组织成员中排名第四。中国的税率使得如果企业老老实实缴税，就基本上处于死亡边缘。

另一种观点截然相反。前国家税务总局局长肖捷曾在《中国改革》杂志上撰文指出，中国税负痛苦指数并不高，政府集中的税收收入还无法满足迅速增长的公共支出需求，有必要随着经济发展逐步合理提高税收收入占 GDP 的比重。今后一个时期，中国宏观税负不仅有上升的需要，也有提升的空间。看看，不光不高，还得再升。

“营改增”以后，有些行业因为无法抵税，税收有所上升。我曾经接触过的一些从事会计服务等的中介企业纷纷叫苦不迭，而一些地方财政收入也在下降。税收表面下降了，但因为税基广，不能抵扣项多，征税严，导致一些中介机构难以存活。

据国家税务总局统计，2016 年 5 月 1 日“营改增”试点全面推开后，5—7 月全国“营改增”累计减税达 1260 亿元。地方税源在减少，怎么办？在动荡的转型过程中扩大税基显然不是一个太好的办法，再说了，新税基在哪里？

担忧的声音如果被屏蔽，最可怕的是，信息传递成本太高，报喜不报忧的虚假数据层层上达，花一堆钱得到的却是错误信息，怎么做出准确的判断？

人工、物流成本、税收成本的背后，显示的是制度成本太高导致的效率低下，以及信息筛选成本太高导致的错误决策。

解决这两点，才能留住踏实肯干的企业家。这些有底线、有能力的企业家，是中国经济的基石。这些问题如果不改，中国制造业在全球范围内竞争力会越来越小。

一个能拉住特朗普打贸易战的大将出走了

2016 年 12 月 21 日，美国候任总统特朗普提名经济顾问内瓦罗（Peter Navarro）领导新组建的白宫全国贸易委员会，这给了国内支持特朗普的人当头又一棒。

组阁时期，特朗普“亮瞎眼”的团队如下

2016 年 11 月 30 日，特朗普过渡团队宣布，提名前高盛执行长史蒂文·努钦担任财政部长，他没有从政经验，因为在投资领域的实操能力而被相中。

另一位华尔街大鳄威尔伯·罗斯将领导商务部，不仅是特朗普的核心经济智囊，还是破产并购方面的专家，擅长以最低的成本盘活有生存希望的企业。罗斯一定程度上属自由派人士，这又有什么呢，罗斯团队的那些钢铁企业主与钢铁律师们，长期身处中美贸易摩擦最前沿，跟特朗普早就结合在了一起。

另一位白宫首席战略顾问班农，曾任职于极右派媒体布赖特巴特新闻网，彭博称之为“美国最危险的政治人物”。

更让人担心的是军队安全系统的“鹰派”人物，防长、安全顾问等，他们主张加强监控，增加军队力量，这与经济领域中主张以实力捍卫国家利益的右派一拍即合。

大家对特朗普公布什么都见怪不怪了。有两三个派别色彩不浓厚的人，

住房和城市发展部部长卡森，这位世界上首次成功给脑部连体婴儿实施分离手术的外科医生，黑人，虔诚的基督教徒，低调，热衷社区服务，成为最好的和平象征。

特朗普是商人，怎么有利怎么来。要让工作回归美国，恢复美国中产阶级的幸福感，特朗普针对的最大目标只能是中国，这个有着最多人口、相对完整的产业链、全球最大贸易顺差的国家。

他是一个成功的商人，不掩饰欲望，有强烈的表演欲，易怒，粗暴，记仇，可以在人家的专栏上写上潦草的“狗脸”两字寄回去；动用一切手段达到自己的目标，能低下身段，自己给企业家打电话拦下投资，到硅谷去跟扑克脸的库克等人开会。

当然，特朗普创下了四十年来的最高纪录，特朗普政府第一年高层换岗率达 34%。疯狂的是，解职先发推特，被解职的人通过新闻才知道。

内瓦罗管贸易，大力反对贸易全球化

2016 年 12 月 21 日，美国候任总统特朗普提名经济顾问内瓦罗（Peter Navarro）领导新组建的白宫全国贸易委员会，这给了国内支持特朗普的人当头又一棒。

内瓦罗最大的特点，是反全球化，对中国持鹰派立场。他是特朗普团队中的“珍稀动物”——大学教授、哈佛经济学博士——热衷社会与媒体，大作包括《致命中国：美国是如何失去其制造业基础的》(*Death by China:How America Lost its Manufacturing Base*)、《卧虎：中国军事化对于世界意味着什么》(*Crouching Tiger:What China's Militarism Means for the World*) 等。《卧虎》一书，书名与观点一样直接激进，把中国视为美国经济下行的罪魁。

特朗普在声明中说："（内瓦罗）论点的清晰程度和研究的透彻程度令我印象深刻。他很有先见之明地记录了全球化给美国工人造成的伤害，并为未来复兴我们的中产阶级指明了一条道路。"

特朗普过渡团队则声明，该委员会的成立进一步证明了特朗普要让美国制造业再次伟大的决心，要给每一个美国人机会，通过得体的工作赚取让人满意的工资。

科恩走了，能拉住特朗普的最后一人走了

2018 年 3 月 7 日清晨，特朗普的首席经济顾问加里· 科恩（Gary Cohn）突然宣布辞职，华尔街一片哗然。

科恩主张自由贸易，多年在高盛集团担任"二把手"，在华尔街有很高的名望。现在，白宫主张自由贸易的人不多了。

有报道称，就在科恩宣布辞职前的几个小时，他和特朗普就发生了争执，内容还是关于关税政策。

当地时间 3 月 1 日，特朗普表示将对进口钢铁和铝分别征税 25% 和 10%，彭博社报道称，科恩曾对这一政策表示过强烈反对。科恩宣布辞职之前，白宫总统办公室开会，讨论正式通过上述关税的法律文件，以及签署该文件的时间表，特朗普希望取得团队中的所有人——尤其是科恩的支持。

如果一个反对派，能变成心甘情愿的支持派，对于特朗普来说这是一种荣耀。但会上，特朗普和科恩发生了"冲突"，特朗普希望科恩表态是否公开支持关税政策，科恩沉默。几个小时后，科恩宣布辞职。

能够反对特朗普打贸易战的大将，又少了一位。

特朗普是婴儿人格

只要成本可以承受、只要能够达到目的，特朗普肯定会打规则擦边球，比如在税收问题上。如果情况很糟糕，他会疯狂宣泄自己的情绪，然后像个最精明的人一样，找下一次大赚一笔的机会。这种人有点婴儿人格，某种程度上使用的是流氓社会的准则。

特朗普带着自己的右翼战团轰轰向前，把美国当作一家大公司来运营，一帮基本没有从政经验的亿万富翁、强硬军人以及务实派人士成为内阁成员，这些人可以看作是这家“美国公司”的首席财务官、首席风控官、首席智囊。

这家公司的运作逻辑是，用强硬手段让公司运作成功，不惜代价让这家公司成为伟大的公司，底线是不能亏本。

特朗普做出让步的唯一前提是，他从对手那儿获得了更多的东西。他要撕毁 TPP，不是因为不懂战略，而是遵守一个商人的原则——没有得到，就不能给予对方。从这个逻辑出发，特朗普可以撕毁气候协议《巴黎协定》，撕毁其他所有的东西，只要国会让他去做，只要他觉得吃亏。

中国面临的情况是，或者增加贸易摩擦，或者给特朗普政府越来越多的甜头。不能再关起门来胡说八道，甚至取消内部的市场化努力来对抗美国，这是自残，不是对抗。

既然美国要回归里根时代，中国唯一的办法是扩大外部的市场，同时牢牢把握住产业链完善的竞争优势，以打造品质的方法建立庞大的内部市场。如果要重商，大家一起重商，看谁能顶得住。

有恒产者有恒心

保护合法财产，是市场经济的基石。2016年11月27日召开的中央全面深化改革领导小组第二十七次会议，审议通过了《中共中央、国务院关于完善产权保护制度依法保护产权的意见》，主题就是完善产权保护。该文件一公布，一些企业家激动得觉也睡不着。

一份非常非常重要的文件出台了

2016年11月27日，《中共中央、国务院关于完善产权保护制度依法保护产权的意见》出台。这是1949年以来，首次以中央名义出台的产权保护的顶层设计。

这是向人性、向历史规律致敬。财富是人性尊严的基础之一，良好的制度是维持公平与效率的基石。

保护合法产权与建立普遍的中产收入阶层，这样，任何稳定都有了基石，而不会建立在沙滩之上。

在经济发展到一定程度、资产全球配置时，如果一国产权保护不力，会使有产阶层疯狂移民，追求制度的安全边际，阿根廷式的悲剧就会重演——阿根廷富裕阶层通过牧场、矿山赚钱，然后把财富和子女转移到欧洲。

国际化时代，捍卫本国财富最好的办法，是建立与多数国家相比更公平、高效的产权保护机制，而不是通过税收、征收、罚没、印钞等方式，把多数民间财富收归政府；政府与个人之间的财富安全边际都应通过契约得到完善的守护。

假设，中国百年前的债券现在都能够兑付，中国毫无疑问是与英国并列的最具信用的国家，有了这样的制度基础，安全移民人数不可能突破警戒线。

三大敏感区有望“脱敏”

第一，解脱民企“原罪”。这份文件的出台，很有可能对某些民企“原罪”来一次大豁免。

市场化初期，我们的市场确实不规范。民企在夹缝中求生存，在底线中求发展。

普遍的违规一定是当时历史所限，只有划清底线，豁免才能解脱“原罪”。

第二，更公平地保护企业财产，尤其是更公平地保护私有财产。

相关解读毫不隐讳地承认，以往在保护产权时存在不公平之处。11 月 28 日，新华社发布《让“有恒产者有恒心”——国家发展改革委有关负责人解读完善产权保护制度》，明确提出：我国宪法和法律对产权保护已有明确规定，但由于历史原因，仍存在一些法律制度规定和执法司法实践对不同所有制产权保护不够同等，一方面，国有资产流失的问题仍然存在，另一方面，对非公有产权的保护弱于对公有特别是国有产权的保护。

第三，捍卫公民的合法财产，尤其是农民最大宗的资产——土地资产。

中西部多数农民朋友依然比较贫困，他们手上最大宗的资产就是分到手的地。随着土改与户籍制度的推进，处于弱势的农民能否守住手上的地，直接决定了中国未来是出现一个中产收入阶层，还是出现一个手无寸土的赤贫阶层。

文件提出：完善土地、房屋等财产征收征用法律制度，合理界定征收征用适用的公共利益范围，不将公共利益扩大化，细化规范征收征用法定权限和程序；借着公共利益的名义剥夺他人的资产，地方收益由镇长、村长包揽的现象必须杜绝。

产权保护，法治是基础

英国的民主经历了 700 年，直到“二战”前，无产者、女性还不能投票，投票权遵照“有恒产有恒心”的理论。

无恒产者很难为自己的投票结果负责，从历史的渐进性来说，这样做没有错。中国有必要学习一个理性国家的务实主义做法，渐进地实现自己的理想。

曹德旺的大实话，企业资源为何外流？

曹德旺作为福耀玻璃的创始人兼董事长，在2016年年底接受采访时公开说，中国实体经济的成本，除了人便宜，什么都比美国贵，尤其是税率高。此言一出，引发热议，制造行业很多人晒出单子，支持曹德旺。

企业资源外流，到底是为什么？

福耀玻璃董事长曹德旺在2016年年底向营商环境“开了一炮”。因为几句实话，这位看上去憨厚十足的企业家再次成为热议的对象。

其实，曹德旺的这段话以前也曝光过，现在引起的反响更大，说明大家心里更焦虑了。

焦虑源于几点。制造业真的要回流美国吗？接下来中国制造业怎么活？难道美国的成本真的比中国的还低吗？这种违背常识的说法是不是胡说八道？现在企业家大规模出境到底是为什么？是早就想移民，还是有其他难言之隐？

不要把曹德旺先生跟其他制造企业相提并论

曹德旺先生的企业生产汽车玻璃，属于汽车配套的一部分。为了节约成本，大型汽车零配件企业的做法是，汽车企业在哪里，汽车零配件企业就设在哪里。

我有朋友给宝马这些企业做零配件，也是满世界设工厂，从欧洲到南美都有。原因跟曹先生一样，跟着汽车企业走，既降低成本，也提升技术水准。

鉴于福耀玻璃65%的产品是卖给本土汽车厂商的，所以，曹德旺不可能放弃中国市场。他在接受采访时表示："我在美国建厂是从20年前开始的。美国项目开通的时候，我在天津的项目也开通。我在苏州工业园区刚刚拿了一块地。我们做玻璃的，都随着汽车厂走。汽车厂去哪里，我们就跟到哪里。"

根据媒体公布的数据，由于税收优惠等减少，福耀玻璃近年来的经营压力比2008年之前大得多，这可能是曹德旺一再"开炮"的根本原因。

中国制造业成本高企，主要是制度成本与中间费用太高

美国地方政府的办事效率绝不会比中国高。到美国一些地方去办事，无论地方政府还是高校，时间一到，关窗拉门走人，跟中国地方政府的"五加二""白加黑""一站式"的办事效率根本不能比。

我听说过国内地方政府的一个招商故事。有个县级市招商部门的官员，听说某大城市有会议，恰好有些亟须引进的外资企业主参加，就自己跑到飞机场、火车站去当接待员，24小时不间断服务，每年还把大闸蟹空运到香港、台湾地区，台商感动得不行。在美国这是不可能的事。

纵有千般不是，美国有个基本好处，就是制度成本低。不可能出现上任政府答应的事，这任政府一上台全不认账，彻底推倒重来，甚至让企业家倾家荡产的事。也不会出现由政府出资，为那些引入的所谓高新技术行业兜底，一旦判断失误就满盘皆输的情况。

中国地方政府只要理性、聪明，政策有持久性，基本上经济不会差到

哪儿去。但是，那些动辄兴建豪华建筑、任期短到一两年的地方官员，往往会给地方经济带来致命打击。这是制度成本。在中小城市大规模基建，修音乐厅，建金融街，一万年都收不回成本，社会为糊涂的官员与低效的企业买单。

除了政府效率的问题，还有人力成本。打死我也不相信，中国那些吃苦耐劳的劳动力大军会比美国工人贵。

虽然中国劳动力成本低，但能源、物流成本高。福耀玻璃投资6亿美元，在美国莫瑞恩建造汽车玻璃厂，2016年10月7日正式投产。“电价是中国的一半”，“天然气价格只有中国的1/5”，对于浮法玻璃生产来说，这两项成本至关重要。

国内物流企业把劳动力用到极致，物流成本仍然是美国物流成本的2倍。以油价为例，中国的油价是美国的2倍，即使国际油价降低，国内成品油价也没怎么跌。再加上全世界少有的过路费、过桥费，为了继续维持基建资金，收过路费也是没有办法的事。

信息传递成本太高

中国的税负究竟高不高?

有人说高，中国的税率使得企业如果老老实实缴税，那么基本上处于死亡的边缘，这就是“死亡税率”。有人说不高，前国家税务总局局长肖捷曾在《中国改革》杂志上撰文指出：中国税负痛苦指数并不高，政府集中的税收收入还无法满足迅速增长的公共支出需求，有必要随着经济发展逐步合理提高税收收入占GDP的比重。今后一个时期，中国宏观税负不仅有上升的需要，也有提升的空间。看看，税负不光不高，还得再升。

最可怕的是，信息传递成本太高，担忧的声音基本被屏蔽了，一些报喜不报忧的虚假数据层层上达，花了一堆钱最后得到的是错误信息。无法得到准确的信息，怎么做出准确的判断呢？

人工、物流成本的背后，显示的是制度成本太高导致的效率低下，以及信息筛选成本太高导致的错误决策。解决这两点，才能留住踏实肯干的企业家，这些有底线、有能力的企业家，是中国经济的基石。

第三章　哪几类民企能活？

未来五到十年，有一半的制造企业将倒闭

从金融危机到2017年，传统制造业经历了三轮冲击波，传统低端出口企业首当其冲，人工成本上升，外资出走，现在是供给侧改革，原材料成本大幅上升。这次转型神仙都拦不住，不是要不要转的问题，而是万事俱备、东风已至、必须要转的问题。省省力气闭上嘴，赶紧进入转型程序，先活下来，再活好。

时代冲刷下，谁能活下来？

最近到各个地方去，传统行业民营企业家一如既往地焦虑，担心蔓延的倒闭潮有一天会落到自己身上。

我很少安慰他们，能活就能活，不能活就不能活，躲得过初一躲不过十五。现在传统制造业面临着生死攸关的大转型，光靠熬，解决不了问题。

制造业从低端走向中端，传统低端制造业必定被淘汰出市场。如果做制造业做成苏银霞那样，要靠借高利贷过日子，还是趁早别做。

洪水冲刷使得制造业出现了剧烈的分化，传统制造业中只有两类企业能活。

第一类是已经立在潮头、管理先进、早已完成原始积累、在全球范围内寻找成本洼地的大型企业。这些企业久经市场考验，效率高，成本低，美的、富士康等企业就是代表。

第二类是有品牌、有独特的技术优势的企业，这些企业最糟糕的结果，

不过是被大企业并购，他们的技术、品牌将通过大企业存活，创业者有溢价。有技术、有品牌，根本不屑于打价格战，涨价了市场也认。大疆无人机、凯赛生物材料，就是其中的代表。

这些企业不是活不活的问题，而是它们才是中国新经济的引擎。

制造业利润率 5% 至 6% 就了不起了，做外贸的利润率连 3% 都没有。再看看互联网企业呢，百度净利润 35%，阿里 36%，腾讯 28%。大飞机、智能机器人、新能源，是中国制造业的未来。

国人去日本买马桶盖的新闻曾一度“刷屏”，中国制造企业应该感到羞耻。这么多年，中国制造企业能够给日本代工生产马桶盖，为什么却没有国人信任的自主品牌？国际游客在日本购买最多的是化妆品、日用品，我们可是化妆品、日用品生产大国，但为什么中产收入阶层要“人肉海淘”？

无中生有的消费品牌有很多，非常成功。光是从食品来说，就有周黑鸭的鸭脖，有三只松鼠的坚果。中国人那么爱吃小龙虾，到现在还没有品牌，这就是机会。小野二郎的寿司店可以作为日本文化风靡全球，中国饮食文化如此发达，就是有上百个品牌也不算多。

中国已经有几亿的中产收入阶层，他们需要高端、有信用、在国际上“有范儿”的产品，而国内的品牌还无法满足这样的需求。既然是痛点，那就是制造业的蓝海。

最糟糕的企业，无外乎一无技术二无管理三无品牌的中低端企业，转型的成本都压在他们身上。既找不到便宜钱，成本又节节上升，终端产品竞争的残酷，赶得上冷兵器时代的肉搏战，想插上草标卖了自己，根本无人问津。一些制造企业好不容易熬过了金融危机，没想到更难过的日子还在后面。

浴火重生，企业的希望在哪里？

从金融危机爆发到2017年，传统制造业经历了三轮冲击波。

第一轮冲击是在2008年金融危机爆发之初，全球贸易骤然下降，以传统低端出口为主导的企业日子相当难过。现在，情况大幅缓解，但当时没挺过来的，已经没有机会翻本。

第二轮冲击是人工成本上升，不少外资出走。

根据牛津研究院等分析，2014年左右，中国劳动力成本跟美国持平。美国波士顿咨询公司曾发表报告称，目前在中国生产纺织品的整体成本已经达到了在美国生产纺织品成本的96%，二者相差无几。

报告称，中国依据生产力调整过的制造业工资在过去10年增加了两倍，从2004年的4.35美元/小时增加到2014年的大约12.47美元/小时。在美国，按生产力调整过的制造业工资同期内仅增长了不到30%，约为22.32美元/小时。

2014年年底到2015年年初，广东、浙江等工业大省出现老板跑路、外资逃离潮，东莞、苏州、温州等传统制造基地最为突出。

2014年11月，苏州诺基亚手机零部件供应商闳晖科技陷入停产；12月，手机零部件代工厂苏州联建科技宣布倒闭，东莞的兄弟公司万事达和联胜也相继关门。2015年1月，东莞手机零部件制造商奥思睿德世浦电子的老板欠债1.35亿元跑路。

这并不奇怪。20世纪80年代开始的外资涌入潮，外资看中的是中国的低成本、无环保，可现在环顾江湖，哪还找得到这等好事？成本水位一高，寻找成本优势的外资撤出，不少低端制造企业倒闭。

幸亏，中国还有相对成熟的、完整的上下游产业链，相比东南亚算是训练有素的产业工人。苹果高管曾经对外表示："iPhone生产所需的整条供应链如今都在中国。你需要1000个橡胶垫圈？隔壁工厂就有。你需要100万个螺丝钉？隔街工厂就有。你需要对螺丝钉做一点小小的改动？三小时就行了。”

虽然富士康要到美国设厂，但要把整个生产链全搬过去是不可能的，除非把中国的工人和工程师也搬过去。生产链条是过去三十年积累下的最大财富。

第三轮冲击是供给侧改革，原材料成本大幅上升，而且上升看不到尽头。

2017年8月1日，中国财政科学研究院发布的《降成本——2017年的调查与分析》报告指出，2016年全国实体经济样本企业原材料成本同比上升7.21%，其中，制造业样本企业的原材料成本同比上升7.84%。

企业还面临用地及房租成本普遍上涨、用能成本有所上升、用工成本刚性上升等负担。

有关行业当然不这么认为，怎么可能往自己身上揽。

2017年8月10日，中钢协发布文章，措辞严厉：“参会代表一致认为当前钢材期货价格大幅上涨并非市场需求拉动或是市场供给减少所致，而是因为一部分机构对去产能、清除‘地条钢’和环保督查以及‘2+26’城市大气污染防治计划进行了过度解读，甚至是误读，特别是广泛传播下半年受环保影响将造成钢铁产品供应量的大幅减少，钢材价格还要‘飞涨’的极端判断结论。这类市场形势判断无疑放大了环保等有关政策对于市场供给的影响，是片面的，是危言耸听的炒作行为，难免有从中渔利之嫌疑。”

看来是投机倒把的错，可数据不会骗人。

随着原材料价格的上涨，部分上市公司净利润增长。Wind数据显示，截至2017年8月11日，申万有色板块113家上市公司中，已有73家公布了2017年中期预告。其中，仅9家公司预计净利润同比出现下滑，有11

家最大净利润同比上浮超 10 倍，39 家同比增幅超过 100%。钢铁板块 34 家上市公司中，公布业绩预告的有 22 家，其中净利润同比增幅超过 100% 的有 16 家。煤炭板块已发布中期业绩预告的 20 家企业中，净利润全部同比增长，19 家增长超过 100%。

与其闭目塞听，不如认真分析，目前的原材料价格上涨，到底伊于胡底，中下游企业该如何应对。

从以往的数据看，传统中低端制造企业在未来五到十年内估计会有一半倒闭、被吞并，浴火重生的企业现在已经完成了转型与国际化布局。新的企业如雨后春笋般冒出，2017 年解决了 1300 万人的就业问题，病树前头万木春。转型不成功的传统制造企业，找不到地方哭。

这次转型神仙都拦不住，不是要不要转的问题，而是万事俱备、东风已至、必须要转的问题。不如省省力气闭上嘴，赶紧进入转型程序。

转型衔枚疾进，未来龙头企业已经冒头，资源倾斜，你看到了吗？

为什么康师傅和啤酒都会涨价？

最近两年，一些实体企业家把矛头指向了阿里巴巴，假货与税收成为两个靶子。这说明，争夺资源到了白热化阶段，实体企业家生活在焦虑之中，即使是大型企业也不能悠闲度日。本文数据均为国家统计局、海关总署等公布的官方数据。

今天在一个制造业重镇，当地朋友说传统制造业中的中小企业日子仍然不好过，估计一年内20%左右的企业会被洗牌出局。

制造业大洗牌，没技术、没品牌、没利润“三没”企业要小心

恰好，有两个数据可以印证传统制造业被牺牲、被洗牌出局的终极命运。

先来看一下2017年前两个月和2月的进出口数据。2017年2月，出现了2014年2月以来的首次贸易逆差。2月贸易账（按人民币计）-604亿元，预期1725亿元，前值3545亿元；中国2月进口同比（按人民币计）44.7%，预期23.1%，前值25.2%；中国2月出口同比（按人民币计）4.2%，预期14.6%，前值15.9%。

天没有塌下来，从历史数据看，春节后的第一个月出口数据都不太好，第二个月会转成顺差。

不过，这个逆差数据加上2016年的货物贸易数据，显示制造业走入了

寒冬，温水煮青蛙已经煮了几年了。自 2013 年，中国连续三年成为全球货物贸易第一大国，而在 2016 年被美国反超。

进出口数据还印证了原材料将会继续大幅上涨，现在涨到中途，货币购买力还会继续下降。

2 月进口原材料大幅上升。2017 年前两个月，我国进口铁矿砂 1.75 亿吨，增加 12.6%，进口均价为每吨 532.1 元，上涨 83.7%；原油 6578 万吨，增加 12.5%，进口均价为每吨 2673.6 元，上涨 60.5%；煤 4261 万吨，增加 48.5%，进口均价为每吨 640.7 元，上涨 1.1 倍；成品油 498 万吨，减少 5.9%，进口均价为每吨 3305.6 元，上涨 48.6%；初级形状的塑料 472 万吨，增加 30.9%，进口均价为每吨 1.12 万元，上涨 9.7%；钢材 218 万吨，增加 17.6%，进口均价为每吨 6993.2 元，上涨 6.3%；未锻轧铜及铜材 72 万吨，减少 15.8%，进口均价为每吨 4.31 万元，上涨 31.5%。

进口原材料大幅上升，大家担心现在不买以后更贵，这心态跟当初买房地产是一模一样。

去产能对大型资源性企业有利，对下游的没有实力、没有优势的制造业企业不利，我们先要稳定住资源性大型企业、重工业，中小制造企业反正早晚都不行，索性提前被牺牲。

当初很多人没想到去产能的结果是首先拉动了原材料价格上涨，先是反映在期货上，后反映在现货上，最终传导到终端市场。

方便面也涨价

上游价格已经传导到下游。

2017 年，《每日经济新闻》走访了一些家电市场，发现手机、电视售价涨了，空调、洗衣机、冰箱的价格也上来了。从 2016 年下半年开始，家电产品价格涨声一片，各种家电、3C 产品涨价的话题从 2016 年第三季度开始就一直被热议。一向被视为价格杀手的互联网电视率先开启涨价模式，并且在短时间内多次涨价。

2018 年年初，啤酒行业首先坐不住了。2018 年年初，华润啤酒、青岛啤酒、燕京啤酒等企业接二连三宣布涨价，涨幅在 10% ~ 20%，这是近 10 年以来，啤酒行业的首次提价。

接下来康师傅也开始提价，康饮茶 / 果汁系列提价 2 ~ 3 元，提价的原因是“原料价格上涨，运输成本、人员成本上涨”。

近日，又有一份据称是杭州娃哈哈集团销售公司的文件流传出来，内容是关于娃哈哈系列产品调价的通知。要知道娃哈哈的主力市场在三四线城市，涨价对娃哈哈来说非常危险，要不是成本压力太大，轻易不会这样做。

究其原因，是原料价格上涨。从家电行业来说，铜、铝、钢等金属价格一路看涨，线路板、液晶面板等主要料件价格上升，从而引发了一系列连锁反应。连充分竞争行业价格都不得不上涨，那些以为产能过剩价格就一定会下降的人傻了眼。

曹德旺、董明珠们为什么能活下来

传统的依靠成本的制造业无路可走，除非浴火重生。

没有技术、没有品牌、没有优势的中小制造企业是率先被牺牲掉的一批。他们没有办法在成本上升时提价，不生产等死，生产就是亏本，洗牌远未结束。

曹德旺以全局布局来降低成本，董明珠通过智能化与空调品牌来维持市场地位，其他大型企业各有各的套路。

血汗工厂时代不得不过去，原本以为会兴高采烈，但现在心里居然是一丝沉重。一些没有技能的低收入阶层也许会再次被甩下轰轰前行的列车。

小心这个数据！制造业利润比刀锋还薄

我替中下游制造业捏一把汗，跟不上原材料上涨步伐、陷入低价战的，就像风箱里的老鼠，里外不讨好，恐怕都活不下去。

这个数据让制造业痛苦不堪

2017年9月，PPI和CPI数据出炉，剪刀差继续扩大，CPI同比上涨1.6%，连续8个月低于2%。2017年1月CPI大跌之后，一直在低位徘徊。

鼓鼓掌，钱挺值钱。

CPI这么低，得归功于食品。猪养多了，食品价格不高。根据兴业证券的解读：9月畜肉类价格同比下降7.5%，影响CPI下降约0.37个百分点，其中猪肉价格同比下降12.4%，影响CPI下降约0.36个百分点；蛋类价格同比上涨3.7%，影响CPI上涨约0.02个百分点；鲜菜价格同比下降1.0%，影响CPI下降约0.02个百分点；鲜果价格同比下降3.0%，影响CPI下降约0.05个百分点；水产品价格同比上涨2.5%，影响CPI上涨约0.05个百分点。

医疗保健、娱乐教育、居住价格都在上升。总体说，服务业价格上升，衣食这些方面价格下降。这个时代，想吃饱饭容易，想有好的服务难，要办企业最好办服务业。

CPI这么低，PPI一路上升，中下游制造业痛苦不堪。

PPI环比增长1.0%，再次超出市场预期，刷新年内新高。其中采掘业涨 2.0%，原材料业涨 1.9%，加工工业涨 1.0%，生活资料涨 0.1%。各项全面上涨，推动 PPI 同比升至 6.9%。

从 2016 年 9 月开始，PPI 一直处于同比上升通道，涨得实在邪乎。

新华社报道，仅 2016 年 8 月，全国大部分纸厂进行了 3 至 4 次提价，包括瓦楞纸、白板纸、生活纸、新闻纸、铜版纸在内的原纸，每吨上涨 300 元至 900 元不等。其中用来做纸箱的瓦楞纸和白板纸价格涨幅最大。

吉林东昊包装公司负责人崔德臣说："从业 15 年从没见过这么高的纸价，一年时间瓦楞纸已经从 2200 元每吨飙升至 5000 元左右每吨，上涨一倍多。"

这还不算什么，有涨得更快的。

根据生意社 2017 年 10 月 9—13 日的一周数据，大宗商品价格基本上都在上涨。同比上涨超过 70%的有 9 种：最快的是钴，上升 106.12%；烧碱上升 105.07%，氢氟酸上升 104.47%，石油焦上升 89.09%，聚合 MDI 上升 77.29%，氧化镨上升 72.80%，醋酸上升 71.79%，线材上升 71.49%，轻质纯碱上升 71.07%。

原材料价格疯涨，有的企业利润大涨，都笑不动了。

看看财政部的数据，2017 年前七个月，国企营收 289421.2 亿元，同比增长 16.5%；利润总额 16610.2 亿元，同比增长 23.1%。国有企业收入和利润持续较快增长，利润增幅高于收入 6.6 个百分点，钢铁、有色等上年同期亏损行业持续盈利。

再来看看国资委的数据，2017 年 1 月到 9 月，央企累计实现营业收入 19.1 万亿元，同比增长 15.4%；实现利润总额 11104.8 亿元，同比增长 18.4%，效益创近年最好水平。

中下游制造业被压得喘不过气

制造业利润已经比刀锋还薄。

2016年“两会”上，全国政协委员李书福说，劳动力成本十年来上升了2.7倍，民营企业融资成本超过银行基准利率2倍以上，物流成本是发达国家2倍，许多企业“五险一金”占工资总额的40%左右，企业还要承担很重的税费负担。

企业利润率下降。2017年6月20日，武汉大学质量发展战略研究院发布了中国企业-劳动力匹配调查（CEES）报告。

从利润率来看，2015年受访企业的平均利润率为3.3%。但在2011年，中国制造企业的平均利润还有6.2%，五年时间企业利润率下降了46.8%。

2015年，有25%的企业利润率接近于0，有19.8%的企业出现亏损；另一方面，有四分之一的企业利润率超过了7%，有一半的企业利润率却达不到2.5%。

多数企业日子难过，传统中小制造业靠成本为生，是“血汗工厂”的主体，这些企业利润只有1%～3%，一半以上会倒闭。涂料、印染、家电等行业，已经开始大洗牌。

没有技术和品牌护城河，不要轻易进入制造业。如果企业利润还不如无风险收益率，纯属浪费社会资源，不如把这笔钱拿去理财。

以前企业一嚷嚷，政策就会发生变化，一哭就喂奶，比如让人民币大幅贬值，或者大规模印钞，让传统企业继续活下去。现在，大家都认识到，再叫都没用了。

企业转型当然是好事，但中国有一半的劳动力是初中毕业，甚至把学校学的知识都“还给”了老师，以后这些劳动力怎么办呢？

离开大城市的人靠什么谋生？

谁都想挤进高端产业链，但不是你想挤就能挤进去的，最大的问题是劳动力素质不够。中国劳动力平均受教育年限仅为9.28年，绝大多数劳动力是初中毕业。参加过职业技术培训、曾经获得专业技术资格证书（即执业资格）的比例不高。离开校门三年，有的人把学校学的知识也“还给”了老师。

火灾既不是开始，也不是结束。一线城市疏散人口是大势。从2015年开始，人口流向发生了巨大的转变，原本向一线城市进发的滚滚人口洪流戛然而止。不是一线城市的吸引力不够，而是“长安大、居不易”。

一线城市落户越来越难

2017年11月25日，《北京晨报》报道，北京市丰台区方庄地区开展安全隐患大排查、大清理、大整治专项行动，针对地下空间的安全隐患，从11月20日到24日的5天时间里，关闭地下空间房屋450间，拆除违建房屋300余间。

房间大致在4平方米到10平方米之间，是这座大城市里最便宜的居住地之一，500元到1000元买到一张床。

一线城市疏散人口是大势。2015年12月7日，《关于制定北京市国民经济和社会发展第十三个五年规划的建议》全文公布，到2020年，城六区常住人口将下降15%，约200万人。

2017年3月28日，北京规划国土委发布通知称，《北京城市总体规划（2016年—2030年）》草案已经编制完成。2017年9月29日，《北京城市总体规划（2016年—2035年）》正式发布（规划期由草案中的2030年改为2035年）。北京划出人口红线，2020年之后，常住人口稳定在2300万左右。未来人口增长空间不足130万人，北京落户将越来越难。

从2015年开始，人口流向发生了巨大的转变。

中国最大的两座城市是上海和北京。2015年年末，上海市常住人口2415.27万人，其中，常住外来人口为981.65万人，比2014年减少了14.77万人，同比下降1.5%；15年来，上海首次出现常住外来人口负增长。2016年年末，北京全市常住人口2172.9万人，其中，常住外来人口为807.5万人，比2015年年末减少了15.1万人，18年来首次减少。向一线城市进发的滚滚人口洪流戛然而止。

一线城市的生活成本大幅上升，拆违、禁止群租，以一切方式把"贫民窟"扼杀在摇篮里。"贫民窟"的本质，就是低收入劳动力在大城市里寻找到的成本最低的生活方式。

2017年，北京实施"疏解整治促提升"十大专项行动，确保2017年疏解目标任务不低于2016年。根据疏解计划，2017年城六区将至少完成1173万平方米违法建设拆除工作，这意味着可能有几十万的人被迫搬迁。

与此呼应的是，北京房租在下降。

据伟业我爱我家市场研究院数据统计，2017年10月，北京住房租赁交易量环比9月下降2.7%，8月以来已经连续回落三个月。全月的租金均价为4022元/套，环比9月下降4.2%，降幅为2017年以来最大的一个月。

一个"北漂"在北京的生活费，房租加上交通费和餐饮费，最低成本每月4000到5700元，这对于蓝领是不可承受之重。如果郭德纲现在到北京，指定成就不了德云社。在他以前的生活成本里面，没有加上北京的绿化、蓝天白云。他如果半夜为了省两块钱走回家，可能就去筛沙子了。

中国劳动力多数初中毕业

如果每个城市都学一线城市驱赶低收入人口，那中国经济就完了。有因才有果，低端产业之所以存在，是因为大多数劳动力没有太多技能，我们得接受这个事实，他们就在我们身边，挥之不去。

中山大学社会科学调查中心每年有“中国劳动力动态调查”（China Labor-force Dynamics Survey，简称 CLDS），以 15—64 岁劳动力为调查对象，收集 5 个层面的资料：个人层面（个体资源）、人际层面（人际关系网络资源）、家庭层面（代际和家庭的资源）、组织层面（工作单位）、社区层面（村居环境）。

2014 年 CLDS 样本覆盖除港澳台、西藏、海南之外的全国其他 29 个省市区，共完成 401 个村居问卷，14226 份家庭问卷和 23594 份劳动力个体问卷。

调查的结果很残酷。中国劳动力平均受教育年限仅为 9.28 年，绝大多数劳动力是初中毕业。参加过职业技术培训、曾经获得专业技术资格证书（即执业资格）的比例不高。

现在的劳动力在乡镇接受过义务教育之后，几乎都没有有意识地接受过培训。他们到城里打工，或洗碗，或当泥水工，或自己开个小铺，或者去流水线，糊口而已。

每个城市都想发展高端产业，发展金融服务业，但这在未来的十年内基本不可能。想要未来经济发展得比较好，想要发展中高端制造业，前提是绝大部分接受过九年义务教育的劳动力都接受过一定的技能培训。

为什么中国多子多福的传统文化根基没有动摇？经济学上的解释是，对这些人来说，多子意味着生存的保障，没有孩子，等年纪大了，就是死路一条。

反过来说，孩子对他们来说是对冲风险的唯一手段，大城市要赶走这些人，只要不让他们的孩子在城里读书，就算是绝了他们最后一条上进之路了。

这些人也回不去农村，不仅因为不会种田，也因为中国农村人均拥有的承包地只有巴掌大，根本无法承载如此之多的人口。在低端市场的这些人，不可能成为中国农业科技化的主力，农业的变化，靠的不是出来打工的农民。

离开北京的外来人口，生存技术不会上升，他们要的是一块落脚地。让他们失去生存空间，就是让我们自己失去生存空间。

最好的办法，是像 20 世纪 80 年代的浙江、广东那样，允许搞活市场经济；“动批”在北京城区待不下，那就到城郊通州待着；目前华北市场经济不够发达，赶紧在北京主城区周边地区建立市场经济的另一个中心。

这几百万人，起码还能有糊口的地方。

董明珠、王石赢了？

董明珠、王石赢了？说这话的人不是太傻太天真，就是不懂博弈，低估了改革进入深水区的难度。如果现在抱着金融教科书，让中国经济快速虚拟化，那将是中国经济与投资者最大的不幸。

深水区容易淹死

2016年12月，刘士余先生警告“妖精”之后，某些资金有所收敛。

保监会亮明了态度。2016年12月5日，保监会官网披露：“近日，保监会下发监管函，针对万能险业务经营存在问题，并且整改不到位的前海人寿采取停止开展万能险新业务的监管措施；同时，针对前海人寿产品开发管理中存在的问题，责令公司进行整改，并在三个月内禁止申报新的产品。对其他在万能险经营中存在类似问题的公司，保监会正密切关注其整改进展，视情况采取进一步的监管举措。”2016年12月6日，新浪财经从前海人寿客服处了解到，其万能险已暂停销售，何时恢复要等通知。

有些公司的有些品种受到限制。有人据此认为，董明珠、王石已经胜利，并且将此称为“政治的胜利”，甚至认为王石借助了国企第一大股东打击了民企。

根本不是那么回事，王石借助现在的华润？根本不可能。目前的企业可以分成有背景的“妖精”企业与无背景的民营企业。博弈过程将是漫长的，妖精不会那么快不吃人肉，妖精也得活。

2016年年底，保监机构的态度不算清晰。12月6日，《中国保险报》发表了题为《险资不是妖精！稳定的资本市场必有险资做基石！》的文章，在一份代表行业监管层意志的报纸上出现了标题带有两个惊叹号的长文章，含义可想而知。

在上述文章中，对外经贸大学王国军先生认为："目前，资本市场对举牌的资本并没有一个详细的规则和准入制度。在发生了影响资本环境的事件时，不能把商业道德当作挡箭牌，而需要更强有力的制度支持。"言下之意很明确，你制度没有设计好，关险资什么事，你倒是把自己的篱笆扎好啊。

市场意见针锋相对，在我所写的《支持刘士余》文章下面，有将近一半的反对声音，有的直接谩骂，上来就问候先祖，言辞之下流让人叹为观止。跟随万能险的跟风盘损失惨重，谩骂成为一些赌徒找到替罪羊的最好途径。

这样的探讨方式无益于解决问题，在推诿责任的过程中，市场的杠杆大火越烧越烈，在崩盘前出手制止，利益受损者会大骂特骂，如果已经崩了盘，监管层更会挨骂。

从2015年到2016年上半年的股市，早已让我们见识到了热钱的汹涌与舆情的汹汹。

向特朗普学习，绕开虚的，直击根本

对于"妖精"的探讨回避了至关重要的问题——从2015年的股灾到2016年的险资入市，就是实体收益较差、资金不进入实体，资产端恶化，形成杠杆市。

2016年M2是150万亿元左右，实体经济回报率没有得到提升，这就意味着大部分资金会不断进入虚拟经济：不是房地产，就是股市；不是股市，就是期市。只要短期回报高，就是资金逐鹿的目标。

通道有互联网、银行、券商等，分级基金、伞形信托一应俱全，短期资金换了一个又一个通道试图做庄，只要没有掀起大波澜，还能够打规则的擦边球，资金就会进入。如果目前150万亿元的广义货币按照11%的增速上升，大家自行脑补，经过六年左右广义货币翻倍后，金融市场会出现什么样的“盛况”。

分红险、投连险，尤其是万能险之所以能在市场上翻云覆雨，基本上是社会上找不到出路的热钱，以各种方式四处“流窜”的结果。之所以用万能险等方式，之所以进入股市，无非是因为万能险是政策模糊地带，股市有可乘之机。

保监会副主席陈文辉先生头脑清醒，写了一篇文章《清醒认识保险资金运用的风险》，在2016年8月29日发表，直接指出万能险的风险。

首先是利差损风险。寿险公司保费快速增长非常令人担忧。伴随着规模增长的是负债成本的高企，有的万能险结算利率达到6%，再加上手续费佣金等费用，资金成本在8%，甚至更高达到10%，这么高的资金成本，已远远超过债券等固定收益类资产收益水平。险企必然寻求激进的短期投资机会，才能覆盖成本。由此造成一系列的乱象、期限错配等。

20世纪美国、日本等国家的寿险公司发生危机的过程，基本上都是沿着“规模扩张、成本提升、投资激进、泡沫破裂、流动性或偿付能力危机、破产倒闭”这一规律发展变化的。

如果现在还不尽快意识到这一巨大的风险，并想尽办法防范风险，就不是股市风险的问题，而是火烧连营般的金融风险。

到2017年下半年，形势相对明朗。2018年，还在秋后算账。2018年3月，上市公司恒生电子股份有限公司发布公告称，收到北京市西城区人民法院的《执行通知书》《报告财产令》《执行裁定书》，责令其子公司恒生网络立即缴纳证监会对恒生网络的 4.4 亿元罚款，逾期不履行将强制执行。

恒生电子在公告中表示，子公司恒生网络已无法正常持续运营，处于净资产不足以偿付所涉罚没款的状态。截至 2018 年 3 月 9 日，总额 4.4 亿元的罚没款，恒生网络仅缴纳了 2265 万元。

当初伞形信托做得欢，果然日后拉清单。

董明珠、王石这样的企业家赢了，是中国经济与中国投资者的幸运，他们将改进自己的资本观，将形成一个良性生态。如果现在抱着金融教科书，让中国经济疾速虚拟化，那将是中国经济与投资者最大的不幸。

第四章　哪些城市有未来

房地产市场到底是涨是跌？

2013 年，为什么房价会上涨 25%，核心原因就是货币超发。第一是投资量太大，第二是企业负债率太高，第三是实际通胀严重，第四是 M2 增速快，因此货币贬值是大趋势。近期又有多项政策的出台，未来房价将维持稳定的基础，房价高的地方会通过房产税来解决。

房地产价格这两年总体不会下跌

总有人问，你为什么说中国房地产价格不会下跌？我说的是总体振荡、增速微跌，但不会大规模崩溃。房地产市场不撑住不行，因为实体经济正在转型，等实体经济好转、新的支柱产业上来，才会在房地产上“动刀子”。

国内每个城市都有新区，发改委调研省会城市，平均每个省会城市有 4 个以上新区。我看到的情况是每一个新区都比老城区大，所有的新区都在大建特建。地方债之所以没有崩盘，多亏 2013 年 4 万亿元土地收入，房地产与地方财政、GDP 密切相关，房地产是地方政府最大宗的套现资产，也是 GDP 的重要来源。

家庭资产配置包括买黄金、买股票、换美元、购置房地产等。在中国的家庭资产配置里，房地产配置在全部家族资产中比重最高的是北京，占 83.8%；其次是上海，占 76.5%。一线城市如果房价下跌，中等收入以上阶层将会破产，消费能力更低。

这两年企业情况不好，但城市家庭资产保持增长，财富还在增值，讲穿了，就是因为这两年家庭房产的价值平均上升了26.8%。什么都不干，只要大城市中心有两套房，做梦都会笑醒，因为房价又涨了。

以现在这么高的市场风险，这么高的房产配置，这么多的货币，如果房地产价格大幅下跌的话，就意味着要么用另外一个泡沫代替房地产泡沫，要么让中国经济趴在地上动弹不得。明智的人都知道，经济稳定才是硬道理，所以银行才会全体辟谣。

世界上没有铁嘴，不可能说涨就涨、说跌就跌，市场有市场的规律，不是任何预言家可以说了算的。

房价上有顶下有底

近期，有多项房地产调控政策出台，据不完全统计，累计32个城市出台了调控政策。调控的范围主要位于环渤海、长江中游、长三角经济圈，也蔓延到了江西赣州等中小城市。

调控的手法，包括提高隐性税收。如厦门发布新政，买180平方米以下的“非豪宅”，请连续缴纳3年以上个税，或者缴纳社保。

当地欢迎能买得起超级大房子的外地人，对连3年社保都缴不上的无业、中低收入群体关上了大门。话说回来，哪个城市不“嫌贫爱富”呢？

另一个调控手法是去杠杆。想买二套房，可以啊，认房又认贷，首付七成呗。如此一来，中国房地产根基被夯实，如果多数人买房首付七成，房地产价格即使跌到七成以下，也有人捂着一大把房子不出手。

最后两种办法：一是禁止交易，买房两年内不准交易，相当于股市里的不准短线交易；二是有的地方提高了“假离婚”的成本，北京离婚一年之内买房按二套房处理，万一假离变真离就麻烦了。

买房两年不能交易，利用杠杆的短期投机者风险就大了。谁知道两年之后市场怎么样？是涨还是跌？

北京离婚买房的人面临双重风险，要获得优惠信贷，就不得不离婚一年以上；而投资者最大的对手是时间，一年时间保不齐政策大变，保不齐房价大跌，保不齐弄假成真，说不定央行取消优惠、连续加息。我能想到的最愚蠢的事，就是“和你离婚买房”。

房价上有顶下有底，跟股市一样。政策收紧，并不等于房价下跌，未来两年房地产市场依然保持稳定。

千人千面，千城千策

资源仍然集中在热门城市，三大城市群中的核心城市是安全垫最厚的城市。资源集中、经济领先、财富聚集不变，炒房的热土也不会变。

以北京学区房为例，为遏制疯狂的学区房炒作，2017 年北京幼升小继续扩大多校划片，并通过随机摇号的方式确定具体的学校学位。买学区房的人很害怕，没有优秀教育资源加持，一夜之间，某些学区房就会恢复大杂院老旧平房的真身。

但优质教育资源极端匮乏，名校在京外办分校的做法被叫停，两三年内还将在城六区新增 25 所优质校。北京城区的教育资源增加，托起了北京的整体房价。

没办法，只能出政策重拳不准交易。2018 年 3 月 27 日，据《中国国土资源报》报道，北京市规划和国土资源管理委员会发布《建设项目规划使用性质正面和负面清单》。北京四环以内，一手住宅被冻结了。

《新京报》消息称，该清单中，限制四环路以内的各类用地调整为住宅商品房。这意味着，将来四环路以内，除非是原先规划性质为住宅的用地，否则很难再新增商品住房用地。在限制的同时，将在适合的地方安排建设租赁住房，加强职住平衡，而且市民关注的回迁安置房不受影响。

房价稳定是给已经恼羞成怒的政策制定部门一个面子，房价不稳，政策不停。

还有，房地产实行千城千策，防止热的过热，冷的过冷，总体数据保持稳定。

热门城市收紧房贷的同时，库存量高的三四线城市反而会放宽。2017年3月29日，《经济参考报》发文指出，对于部分房价上涨较快的热点城市，整体上应严格控制贷款总量，主动上调贷款利率，适当收紧贷款条件，并提高贷款首付比例。

多数三四线城市房地产市场库存量居高不下，去库存压力仍然较大。商业银行应在风险可控的前提下，合理发挥住房信贷的杠杆作用，继续加大对居民合理购房的支持力度。我国城镇化还将持续较长时间，中小城市和城镇居民还有较强的购房需求未得到有效满足。

估计库存消化量在一年以上的城市，房贷政策收得再紧也有限。

最后也是最关键的是，货币政策再稳健，奈何基数过大，负债过高，购房投资是应对货币不值钱的无奈之举。

货币主导者发出了警告，在2017年3月海南博鳌论坛上，央行行长周小川明确表示，经过多年的量化宽松后，我们已经到达了这次周期的尾部，货币政策不再是宽松的了。

比美联储更激进，中国央行近来已经数次隐性加息了，只不过大多数人并不当回事。我要收紧货币了——嘿嘿，你收你的币，我买我的房。

根本原因是货币基数太大，即使以11%的增速，7年后广义货币也将翻番，达到310万亿元左右。如果吃个普通盒饭要20块钱，辉山乳业一家企业就有百亿元借款无法偿还，未来农村土地变成资产还得释放几十万亿元人民币，怎么让人相信房价会跌?

最好的情况是房地产价格稳定。货币购买力下降、民间存款增加，房价总体涨幅低于民间财富涨幅，就相当于下跌。用几十年的时间，给房地产这座火山盖上盖子，以免有朝一日火山喷发、玉石俱焚。

北京、上海房价疯涨暂停

多少人抱着坚定的信念，买了京沪的房子。他们认为，就是全球房价都被水淹了，北京房地产也是仰着脖子呼吸的那个。但现在，水快要漫过鼻尖。二三线热门城市抢房潮持续，我不认为总体房价会下跌，但北京、上海的房价疯狂上涨可能暂告一段落。

一线城市房价的疯狂上涨暂告一段落。这是严厉调控一线城市的必然结果，“有形的手”再次起作用。想在一线城市购房的不必太心焦，拿个板凳坐下来，咱们可以慢慢挑。

什么？帝都魔都不欢迎我？

人口调整有两个含义：一是控制人口总量，二是调整人口结构。

2017 年是个特殊的年份，40 年来北京、上海第一次同时出现常住人口减少的现象。2017 年年底，上海全市常住人口为 2418.33 万人，比上年末减少 1.37 万人。北京全市常住人口 2170.7 万人，比上年末减少 2.2 万人，下降 0.1%。

2017 年 12 月，国务院批复同意《上海市城市总体规划（2017—2035 年）》，最引人关注的就是上海常住人口要控制在 2500 万左右，考虑到上海人口现有水平（2015 年末统计数据为 2415.27 万），按规划每年仅允许增长 4 万！

这个增量空间，不够上海人口自然增长，换句话说，有部分人要离开上海了。

根据《北京城市总体规划（2016 年—2035 年）》提出构建“一核一主一副、两轴多点一区”的城市空间结构，改变北京单中心聚集、“摊大饼”的发展模式，北京市常住人口规模 2020 年控制在 2300 万人以内，2020 年以后，长期控制在 2300 万人左右。如果不控制，估计花个五六年时间，北京不费吹灰之力就会突破人口上限。

人口到哪儿去了？回到房价相对低、落户容易的武汉、合肥这些二线城市去了。这是中国逼迫资源向二线城市集中、建立全国性城市群的过程。

北京“动批”搬迁、清查地下室，有个作用是明显的：生活成本上升，把“贫民窟”扼杀在萌芽状态。

上海生活成本也在上升，在上海没房的人无法再打擦边球。上海市规划和国土资源管理局也出台经营性用地出让管理规定，要求出让合同中应明确，办公用地不得建设公寓式办公（项目），商业用地未经约定，不得建设公寓式酒店。

这会赶走两类外地人：没有财富和没有技能的人。有财富的人，户口从来不是门槛。有技能的人，会有政府的支持。

有人会大叫，凭什么？我很年轻，年轻就是财富，大城市不会不欢迎我。而残酷的现实是：任何一个国家移民都有门槛，要么是财富要么是技能。门槛是稀缺性的衡量标准。城市经济结构调整，劳动力结构也会调整。

房租没降，难道我看到的是“假市场”？

一线城市房价下降，主要是政策严控的结果。

北京房价下降。根据《观点地产》数据，2017 年 5 月北京全市新建商品住宅（不含保障房）共网签 2912 套，环比微涨 5.4%，同比下跌 38%。5 月二手房成交 10801 套，创 27 个月以来的新低。

面包价跌了，开发商抢不到面粉，没有以前那么起劲了。4、5 月间，土地市场突然变冷，5 月六宗商业住宅平均溢价率为 6.28%，4 月却高达 35.94%。你举你的牌，我看我的戏，你还在北京抢地吗？来来来，看看我这鄙视的眼神。

各地出台的房地产政策，包括提升首付比例，房地产去杠杆，限购限贷，去除高价房红利。比如重新划分学区，让你的学区房的教育红利一夜归零，或者提升限制交易的年限；比如新购房 5 年内不许出售。天哪，谁知道我们这里的房地产市场 5 年内会发生什么变化？

房地产风险上升，但“北漂”“沪漂”的小伙伴们，怎么没有觉得生活压力减少？房租没有跌，办公室有小伙伴说，房租没涨，但是房东的态度变好了。房价跌了出租的人多，租金也应该跟着跌，难道我看到的是“假市场”？

北京的数据显示，2017 年 5 月北京市居民消费价格中，租赁房房租环比上涨 0.3%，同比上涨 4.1%。而在国家统计局 6 月 9 日公布的 2017 年 5 月居民消费价格数据中，全国租赁房房租环比上涨 0.1%，同比上涨 2.9%。

一线城市一定是中国生活成本最高、商业化程度最高的地方，出租市场和二手房市场最活跃。即使北京、上海的常住人口减少了，出租市场也不会光速下跌，这是个缓慢的过程。

并且一线城市富人多，有的人根本不在乎租金那点钱。跟海南似的，多数人买了房子并不急于出租，他们能够承担物业费，并且坚定看好房地产前景，他们更看中房地产资产升值。

改变法律，才能改变租房客“二等公民”的身份，他们不能落户，高价读书。买房者相当于缴纳了城镇化的发展税，才配拥有公共服务；而租房的人，少缴了这部分税。这话虽然刺耳，却接近真相。

我看好的城市没有变

中国城镇化的过程，加上夯实房地产市场基础的过程，两个过程合二为一。

向一线城市亮红灯，是因为一线城市资源太多了，安全垫太厚了。所以，一线城市暂时停一停，马儿啊，你慢些走，让二三线城市跟上来，这样中国城镇化才能均衡。

我前几年一直看好卫星城，上海、广州、深圳的卫星城，现在仍然看好。但它们跟主城区一样，涨得太快了，得等等主城区溢出的步伐。北京的卫星城另当别论，政策建了个乌托邦。

杭州、武汉、长沙、合肥、厦门等二三线城市，这些城市群中的核心城市，现在还在延续无边美梦。新城市群的领头羊，在新一波核心城市泡沫中诞生了。

未来中国城市的发展秩序

房地产政策不再铁板一块，而是千城千策，可想而知，不同的城市会有多少不同的政策。对于一二线热点城市甚至部分楼市过热的三线城市，降房价、抑泡沫是楼市调控的基调。对于库存庞大、十年没怎么涨的城市，去库存才是最重要的任务。

一线城市血流成河？

一线城市是房地产领域的“大号”，一直在大型合唱团里担任领唱的角色，二线城市紧挨着一线城市伴唱，心里想着的是，我才是主角，我才是主角。三线城市站在边上，没有太大的野心，至于那些四线“小号”，站在边上张着嘴，出工不出力。

有那么一天，指挥指着二三线城市说“你们，站到这边来”，指着一线城市说“你们，过去”。一线城市傻眼，看着指挥棒，磨磨蹭蹭站到了角落里。

2017 年 6 月 26 日，政协第十二届全国委员会常务委员会第二十一次会议召开。张高丽在会上提到了房地产：“要坚持分类调控因城施策，稳步推进房地产去库存，促进房地产市场平稳健康发展。”

看不懂因城施策吗？那就来看看二三线城市是怎么抢人的。

到 2018 年 1 月，全国至少已有 16 个热点城市针对人才，放宽了购房和落户方面的限制。户口、房子和现金补贴、子女入学等抢人武器轮番上阵。如杭州推出“房补 + 车补”；福州市财政给予应届博士研究生每人安置补助费 15 万元，用人单位帮助协调解决住房困难等。

2017 年，大学生留在武汉的人数居然高达 30.1 万人，是 2016 年的 3.1 倍。根据武汉市统计局的统计数据显示，截至 2017 年年底，武汉户籍人口总数 853.65 万，比 2016 年的 833.84 万户籍人口增加了近 20 万人，为历年高值。

西安三天落户了 1.5 万人。2018 年 3 月，西安推出“即日起面向全国在校大学生仅凭学生证和身份证即可完成在线落户大西安”的举措。据西安当地媒体报道，从 3 月 22 日到 24 日三天时间，西安共迁入落户人口 15552 人，本科学历 6107 人。仅 23 日一天，西安迁入落户人口达到创纪录的 8050 人。

千城千策，有利于二三线城市

千钧压力下，北上广深这些“大号”城市的房价不敢涨。

根据国家统计局 2017 年 5 月的数据，北京、上海新建商品住宅价格止涨，广州环比涨幅较 4 月缩小了 0.5 个百分点，深圳则在 4 月维持一个月平稳后再次下跌。北京二手住宅价格开始下跌，且跌幅达 0.9%，为 5 月最大；上海由升转平，不再上涨；广州、深圳虽未下跌，但涨幅在缩小。

房价还在涨怎么办？造呗。

开发商在台上抱头大叫：别扔鞋，房价跌了，跌了。

第一个办法就是老办法，双合同，甚至三合同，房价加精装修加家具。媒体报道，广州部分开发商通过“双合同”规避限价，房价明降暗升。一份是需网签的购房合同，另一份是装修合同，两份合同加起来的金额才是购房总价，装修合同金额不能贷款，需与购房合同中的首付款一并支付。

二手房是传统的“阴阳合同”，阴阳合同就是签约合同价格低，买房者实际支付的价格高。目前的一手房、二手房房价估计都是偏低的，这既是规避税费的需要，也是听从指挥的政治需要。西安、成都政府都在清查阴阳合同。

一线城市还是有很多资源，大家对“大号”的爱一时改不过来；在强压之后，房价有时候止不住上升，已经站在边上的歌手，突然发出了刺耳的海豚音。

根据 263 理财网的数据，2017 年 6 月 1—24 日，北上广深一手房交易量仅达 5 月全量的 60%，交易量增速放缓，但房价走高。京沪单周房价突破 4.9 万元 / 平方米，深圳房价突破 5.3 万元 / 平方米。

一线城市傻了眼，他们被捆住了手、捂住了嘴，这刚好是二三线城市高歌的时候，原先手里握了一把烂牌的城市，简直是心花怒放。

过去两年是资源流向一线城市、一线城市卫星城，现在资源向城市群里的二三线城市转移。

以江浙沪一二线城市为例。

2016 年，流入上海的人口居然为负数。截至 2016 年年末，上海市常住人口总数为 2419.70 万人。其中户籍常住人口 1439.50 万人，外来常住人口 980.20 万人。户籍常住人口增加了 6 万人，二胎多了，有才有钱的人有了户口；而常住人口只增加了 4.7 万人，从外地流入、无户籍的常住人口反而减少了 1.3 万人。

接下来是南京。南京常住人口下降得比上海还要多，从 2012 到 2016 年，南京市人口净流入数持续减少，2015 年人口净流入 170.2 万人，到 2016 年就下降到 164.2 万人，一年时间，人口流入减少 6 万人。

可以喘口气的城市是合肥，2016 年年末，合肥全市常住人口 786.9 万人，比上年增加 7.9 万人，增长 1.0%。我们无法细分 7.9 万人是外地净流入，还是本地人口增长。来看看上年度人口抽查的数据。截至 2015 年年末，合肥净流入常住人口 61.3 万人，比 2014 年年末增加 4.5 万人，增长 7.9%，其中市区净流入常住人口 124.3 万人。估计合肥从外地净流入的人口这两年每年在 5 万左右。

江浙沪人口增长最可怕的城市是杭州。截至 2016 年年底，杭州常住人口为 918.8 万人，比 2015 年年末增加 17.0 万人，增幅 1.89%。2015 年、2016 年，杭州常住人口增长都在 10 万以上，太厉害了！

如果说合肥是往舞台中间走了一步，杭州直接走到了中间，斜眼看着上海，你算什么？我才是主角！

一线城市需要的是特殊资源，财富、权力、技术，其他人才流入了周边的二三线城市和卫星城。太仓的房子是“沪漂”在买，昆山的房子是上海老年人在买，连重庆的高价房，都有不少是上海人在买。

从资源、人口和经济看，中国城市群正在形成，一线城市被摁在地下，给了武汉、合肥这样的城市超越的理由。只有武汉、合肥这些城市发展成熟，周边才可能有卫星城。

中国城市发展秩序是这样的：一线城市，一线城市卫星城，二三线城市，二三线城市的周边城市。

分析市场要扔掉感情，不要把对房地产的憎恶和投资扯到一块儿。市场就是市场，残酷而冷静。

最有经济前途的十个城市

首先说明，在此谈论的“最有经济前途的城市”不包括一线城市，它们是资源最聚集的城市，没什么好比的。另外，东北与西北地区的城市由于资源、转型以及市场化的总体缺失等问题，均未列入讨论范围。

有希望的城市必须具备以下一些特点：

一是三条以上高铁通过，成为轨道交通时代的节点城市；

二是近十年来有人口大幅流入或者起码在回流；

三是当地教育资源给经济发展提供了强有力的后盾；

四是人均本外币存款较高，可以支撑当地的消费与建设；

五是 GDP 增长较快。

南京

根据最新的 2030 年版八纵八横高铁规划图，有 4 条甚至更多高铁通过的高铁节点城市分别为沈阳、天津、济南、石家庄、合肥、杭州、南京、郑州、武汉、长沙、重庆、贵阳、成都、西安、兰州、银川。到中国核心区域经济地带的距离最近的城市分别是郑州、武汉，其次是济南、长沙等地，4 小时左右可到北京、上海、广州等中心城市。

据第一财经 2016 年的统计，国内的 33 个城市，在十年间经济总量增幅超过 300% 的共有 10 个，其中有 8 个来自中西部，分别是长沙、重庆、武汉、贵阳、南宁、西安、成都和郑州。只有两个来自沿海，其中天津增速位居第 33 个城市中的第 8 位，南京位居第 10 位。

一度没什么省会城市尊严、位居江苏省内 GDP 第三的南京，在 2014 年超过了无锡，形成对苏州的追赶态势。再加上省内资源集聚，且影响力辐射到安徽东部地区，被称为“徽都”，未来必然成为江苏省内最主要的城市。

在 35 个主要城市的人口流入排名中，南京常住人口从 2009 年到 2014 年增加 50 万，低于苏州的 123 万。但南京的教育资源远好于苏州，属于中国的高校之城，有高校 53 所，在长三角仅次于上海，比杭州高得多，南京发展有强大的高等教育做支撑。

2015 年南京 GDP 高达 9720.77 亿元，人均本外币存款 32.14 万元，在长三角的 3 个省会城市中，略低于杭州，但增速超过杭州；远高于合肥，超过了近一倍。

关键是南京文化底蕴丰富，教育资源得天独厚，几乎可以跟上海等地媲美。加上安徽等地人力与人才资源东移的倾向，对于南京的发展也是个不小的推动。

苏州

苏州并没有那么多高铁线通过，但苏州几乎是最受惠于外向型经济的城市。从新加坡工业园区，到目前兴盛的新区，苏州几乎被打造成了东亚发达国家的某个新城。

难能可贵的是，苏州几乎完整地保存了原有的古城，苏州老城几乎是我在国内看到的唯一一座保存完好的古城，留下了丰富的资源。我们不得不为当时决策者超前的眼光而赞叹。

从 2009 年到 2014 年，苏州流入了 123 万人口，在 35 个城市中排名第

12 位；从 2005 年到 2015 年，GDP 增长了 257%，在 33 个城市中排名第 17 位。

随着外贸与制造业的衰落，苏州遭受到了打击。外资撤离或者僵化，导致苏州企业发展逐渐受阻，而苏州的制造业采购经理人指数也一蹶不振。

2016 年，成立于 1993 年的国际包装、造纸行业巨头芬兰斯道拉恩索集团旗下的苏州紫兴纸业关门了。

2015 年 12 月，在苏州扎根 16 年，曾经无比辉煌的诺基亚苏州工厂关闭。

2015 年 10 月，总部位于苏州张家港的国内民营玻璃巨头华尔润被曝停产清算。

2015 年 7 月，韩国三星电子的代工企业、位于苏州吴江的普光电子倒闭。

2014 年 12 月，苹果供应商苏州联建宣布倒闭，公司最辉煌的时候，员工多达两万余人。

2014 年 11 月，位于苏州胥口镇的诺基亚手机零部件供应商闳晖科技陷入停产。闳晖科技最辉煌的时候，员工多达上万人。

苏州的 GDP 低于深圳，但苏州的投资远高于深圳，而消费却远不如深圳。民间消费能力不高，高校太少，是苏州之痛。当地的经济结构与创新能力不如深圳，必须经历一次凤凰涅槃。目前房价上涨，只是货币现象，不能靠房价转型。

瘦死的骆驼比马大。截至 2016 年 6 月末，苏州全市金融机构本外币各项存款余额为 27504 亿元，同比增长 9.35%；苏州常住人口为 1061 万左右，人均存款约 25.92 万元，低于南京。而苏州最新流入的人口在大幅下降。

苏州可列入未来将发生巨大蜕变的城市，在长三角城市群中的地位不会下降。

武汉

武汉是高铁节点城市，正与郑州争夺航空枢纽的地位。与郑州不同的是，这是一个传统意义上重要的港口城市。

2009 年到 2014 年间，武汉常住人口流入 123 万，与苏州基本相同；不同的是，直到现在，武汉人口还在大幅流入。这是由不同的发展阶段造成的，一线城市的人口、东部沿海地区的人口流入在下降，回流到中部地区以及欠发达地区。

2015 年，武汉的人均本外币存款为 18.28 万元，略高于天津。GDP 十年来增幅却排名在 33 个城市的第 3 位，高达 387%，仅次于长沙、重庆，这是个仍然在大规模投资、大规模导入人口的城市。

经济增速略有下滑。2015 年和 2016 年，武汉的 GDP 分别位于 15 个副省级城市的第 3 和第 4；而增速略有下滑，从 2015 年的 8.8% 下降至 2016 年 7.8%，排名也从第 4 降至第 8。

武汉的高校有 86 所，在国内首屈一指，如果把这个教育资源给深圳，深圳就飞了。在武汉经济下行时，两湖流域给深圳提供了源源不断的人才基础。

因为人才多，武汉光谷才成功。这是块不错的创新园地，在全国范围内做出了自己的特色；从最初 4 平方公里的科技成果转化园区，扩大到占地面积 512 平方公里的国家自主创新示范区；从最初光通信产业领域的探索者，到如今激光器、面板、存储器芯片集群的国家队；生物产业链也发展得如火如荼。

整个湖北的资源主要集中在武汉，致力于打造昔日“大武汉”的商业荣光。毫无疑问，这个中部重镇还会借着高铁的东风，以及庞大的基建与教育的力量，继续发展下去。

杭州

在浙江省内，没有可以与杭州竞争的城市，而浙江又是新时期市场经济的发祥地。在杭州西湖周边风景胜地，除了各种疗养所、政府军队学校等机构，基本上都是操着浙江各地口音的“老板”们；而在杭州城区，则可以听到全国各地口音。

根据第一财经公布的数据，截至2014年的35个城市的堵车排名中，杭州排名第15位；实际上当地人感觉会更强，因为西湖边上已成交通要冲，堵车与北京有得一拼。这座城市急剧扩大，从围绕西湖改为围绕钱塘江而生。

由于企业主多，杭州财富沉淀很深。在长三角除上海以外的重要城市中，杭州的GDP总量最高、居民本外币存款最多：2015年GDP总量达到10053.58亿元，人均本外币存款为33.12万元，都略高于南京。这个水平，完全可以媲美发达国家了。从房价来看，也早就跻身“1.5线”城市。

在经济转型过程中，杭州钢铁厂出问题，但对杭州影响不大。不像鞍山钢铁厂、大庆油田，一个企业影响一座城市的经济；因为杭州经济增量大，足以消化转型阵痛。

这座旅游城市已经成为人口多到吱嘎作响的经济重镇，而且有着不小的野心，绝不愿意成为上海的附庸。现在电商重镇除了深圳，就是杭州。在我参观过的创意产业园中，杭州的都相当活跃。各个区铺开金融小镇、特色小镇，成为杭州的有益补充，连乌镇都成为一个房价挺高、杂糅水乡与现代色彩的特色IP了。

杭州也有问题，市内交通规划不通畅，高等教育落后于南京、合肥等城市。虽有庞大的浙江大学，哺育着杭州的创新产业，但高校仅有39所，远低于合肥的60所与南京的53所，在校大学生人数与研究生人数也远远不及合肥、南京，这对于杭州来说是个隐患。当然，杭州可以通过环境与财富吸引其他地方的人才入驻，这也是现在正在做的事。

合肥

合肥2016年以房价增速威震四方，这是补涨，长三角地区的省会城市，该轮到合肥了。并且，合肥的土地政策是非常明智的。

合肥发展较快，2005年GDP为853亿元，2015年为5660.3亿元，十年增长5.63倍。2016年上半年，安徽省生产总值11028.5亿元，比去年同期增长8.6%，其中合肥2575.5亿元，按可比价增长9.4%。

关键是以前的短板服务业在提升，服务业对GDP的贡献超过工业，说明这个城市进入有活力的细分发展时代，而不是几家央企“企业办社会”包打天下。

在长三角省会城市中，合肥是发展较为落后的一座城市，底子不厚，东边还有南京竞争。本外币存款在长三角省会城市中排名最低，以2015年的数据看，本外币存款总量11193.71亿元，人均本外币存款是14.37万元，跟南京、杭州人均约33万元没法比。

从2009年到2014年，合肥人口流入在全国35个城市中排名倒数第7，五年流入34万人。说明合肥对全国人民的吸引力还比较弱，存在感主要是在省内，现在逐渐向长三角渗透。

但合肥有一项优势，在长三角省会城市中，合肥的高校数量是最多的，比南京多7所，比杭州多21所！合肥有排名靠前的中国科学技术大学，这才有了科大讯飞等公司。

虽然合肥的经济增长、人口增长不如天津等城市，但从存在感和经济腹地来看，我们还是把合肥列入了看多城市序列。

郑州

我对郑州的偏爱声名远播，这不是一种文化上、亲缘上的爱，而是基于大势形成的客观判断，形势比人强。毫无疑问，郑州已经成为中原最受人关注的城市。

郑州跟武汉一样，高铁线路四通八达，有7条以上高铁经过，是最受益于铁路发展的城市。孙中山先生的铁路梦想，今天在郑州这座城市身上得到了体现。

中部地区航空枢纽竞争激烈。从2010年到2014年，长沙黄花国际机场客运吞吐量位居中部第一，2015年被武汉天河国际机场超过，2016年，长沙再次超过武汉位居中部第一，2017年上半年，却是郑州新郑国际机场第一。围绕临空新城的布局，郑州有可能再次上演郑东新区发展的辉煌史。

以往河南人口结构不合理，儿童多、老年人多；儿童到了青壮年时期，多散落到其他城市群打工；虽然生得多，本省却享受不到人口红利，是一个向外输出人口红利的地区。近些年，人口流动有了变化，青壮年人口占比上升。

根据35个城市的人口流入数据，从2009年到2014年，郑州流入人口排名高居第6位，是河南省内最具有吸引力的城市。

得益于产业转型与制造业西迁，郑州工业发展引人关注。根据《经济学人》信息部（EUI）2015年8月发布的信息，郑州这个人口高密度地区的产品出口年度复合增长率已经达到53%，在EUI指数中排列第2。2005年，郑州GDP为1650亿元，2015年为7315.2亿元，十年增长了3.43倍。

郑州有高校56所，数量不如南京、武汉，但高于天津；大学生在校人数高于成都，低于武汉。换句话说，郑州拥有人口与人才两方面的优势。

郑州的劣势也很明显，市场经济发展滞后，使得规范的市场经济发展还需要很长的时间，无论是乞讨、假文物，还是金融规范化等方面，名声不算太好。

从文化上来说，中原地带的商业文明在近代已经较为落后，需要有奋起直追的过程。虽然有一定的教育资源优势，但未受过专业训练的劳动力数量更为庞大，起码需要十年以上的培训过程，才能形成训练有素的劳动力群体。

成都

四川省内，现在没有、将来也没有可以与成都竞争的城市；以前可以竞争的重庆已经被划出四川，成为独立的行政区。

成都适合人居，其小麻将与酒吧之风相得益彰；湖南卫视的“超男”“超女”比赛有那么多人来自四川，并不奇怪。

成都有个行业与吃喝玩乐密切相关，属于创新行业，那就是游戏。据成都高新区相关负责人介绍，截至 2015 年年底，成都高新区已聚集游戏企业 400 余家，全年实现销售收入 82.4 亿元，同比增幅 35.97%。近 3 年来，活跃在成都范围内以移动互联网、游戏为投资方向的基金不下 30 只，包括经纬创投、联想之星、德迅资本、凯晟资本、IDG、真格基金、宝利来、富坤创投等。当然，也有小散乱、倒闭多的问题，但这没什么可怕的，产业链条已经发展起来。

成都的房价在省会城市里并不“养眼”，主因是推地多、库存量大。2016 年上半年住宅有所好转，据四川中原地产 2016 年半年报数据显示：上半年主城区商品住宅供应面积 434.01 万㎡，环比下降 18.85%，同比下降 20.62%；成交面积 466.75 万㎡，环比下降 1.42%，同比上涨 11.88%。2016 年上半年成都楼市意外呈现出暖意，也只是微暖，商业地产依然是成都的老大难问题。而到了 2017 年，成都房价一飞冲天，代替了合肥曾经的位置。

成都的商业地产让人头痛。据四川中原地产 2016 年半年报数据显示，成都商业库存仍高，商铺存量 1273 万㎡，去化周期 7 年；写字楼存量 332 万㎡，去化周期 6 年；公寓存量 357 万㎡，去化周期 3 年。

成都常住人口从 2005 年到 2015 年，十年增长 244.8 万；成都高校多达 56 所，与郑州持平。在校研究生高达 7.85 万人，说明当地的研发力量较强。成都的本外币存款人均在 20.11 万元，远高于合肥，与东部沿海地区基本持平，并且消费的意愿非常强。

2017 年 9 月初四川新设自贸区。四川省商务厅相关负责人表示，自贸试验区将主要设在成都。这对于成都来说，属如虎添翼。

重庆

与成都一贯看不对眼的重庆独立成市，成为中国最大的直辖市。重庆的土地资源是直辖市里最多的，因为周边是广大农村。

重庆这几年非常耀眼，因为 GDP 增速非常快，几乎快成了一个神话；曾经的黄奇帆市长也因其传奇色彩，成为一个神话。2016 年上半年，31 省市区 GDP 同比增速显示，西藏、重庆、贵州三地该项指标领跑全国，GDP 增速分别为 10.6%、10.6%、10.5%，重庆已经连续十个季度保持经济增长速度位于全国前列。

重庆的金融、投资等均位居全国前列。但重庆基数低，从财富积累看，重庆本外币存款总额与成都相差无几，一算人均就非常糟糕，只有成都的 47%。奇怪的是重庆的消费并不差，说明此地贫富差距比较严重。

重庆 2015 年常住人口 3016.55 万人，是成都的 2 倍多，普通高校比成都多 8 所，但在校研究生人数不如成都多。

在西南地区，成都、重庆是通向中东、欧洲与东部的三个交通节点，就此融入全球经济。重庆文化极有特点，解放碑的时尚在全国小有名声，辣妹子的身材非常养眼。跨江而立的长江大桥、嘉陵江大桥，昭显了近几年重庆的经济发展。

天津

天津是个很长时间刷不出存在感的直辖市，主因是离北京太近，虹吸效应吸走了大部分资源。这个以往的商业之都，到 20 世纪 80 年代的时候，街面已经不忍直视。

天津入选的理由是北京资源真的开始外溢了，天津从谷底翻身。

天津 2015 年 GDP 增长 9.3%，基本与重庆并驾齐驱。但天津的劣势在于，虽然人均 GDP 在 2011 年超过了原来的老大上海，但城市居民人均可支配收入和上海相比有不小的距离，天津的 GDP 并没有很好地转化为居民收入，而是成为重大项目的投资。这是一个政府主导意志甚至比上海更强的城市，这不是一件值得夸耀的事，为未来的发展埋了几颗地雷。

天津 2015 年本外币存款总额 28149.37 亿元，人均 18.20 万元，低于南京等城市，高于重庆，这与天津给人的印象相同：虽然不如其他东部沿海地区，但过得还可以。考虑到重化工业较多，天津经济转型仍然非常辛苦；天津自贸区落子，进口车等销售一直在全国独树一帜。

京津冀一体化，北京不能独立支撑一个城市群，北京周边的卫星城与天津是最受益的城市。京津冀协同发展国家战略中，天津定位非常清晰：全国先进制造研发基地、北方国际航运核心区、金融创新运营示范区、改革开放先行区。其本意似乎是想要回到曾经的北方金融中心、商业中心、航运中心的定位上。

我曾经去过天津高新区，政府效率还算不错。天津普通高校55所，比成都仅少一所，教育资源算是相当的丰富。

2018年1月11日，天津滨海新区主动下调GDP。原本滨海新区号称“中国第一新区”，2016年GDP高达10002亿元，大幅领先上海浦东新区，创造了中国城市发展史上的神话。然而，因为统计口径的变化，滨海新区将2016年的GDP从10002亿元调整为6654亿元，2017年GDP预计为7000亿元。这意味着，滨海新区2016年GDP缩水3348亿元，缩水幅度达三分之一！这样的尴尬是天津最能体会的。

对于天津来说，最难的问题是重建独立品格以及市场化的深入。

厦门

厦门人口数量无法与一些省会城市媲美，但架不住海滨城市月白风清、颇具风情。房价涨势显示，福建最受欢迎的城市只有一个——厦门。

从2009年到2014年，厦门常住人口增加了139万，在全国35个城市中排名第11位。从数据来看，这座城市居民富裕，有雄厚的财富根基，消费实力强劲。

厦门算是个特色旅游城市，与大理等特色旅游城市相比，腹地更广，工业基础更发达，是与台湾经济对接的最大获益城市。步入厦门机场，小巧、规划合理、高效，跟厦门城市一样具有特色，与其他城市一味贪大的巨无霸规划完全不同。

厦门是海上与陆上丝绸之路的结合点，根据厦门市政府2016年出台的《厦蓉欧班列国家物流新通道建设工作方案》，2016年厦蓉欧班列计划发运100列、4500个集装箱，货值40亿元。预计到2020年，将实现全年对开

2000列，8万个集装箱，货值783亿元。

这张蓝图显示了厦门嵌入全球经济的可能路径，但厦门目前经济仍然遭遇到制造业转型的阵痛，以及令人担忧的通信等行业的异常增长。

发展前景可观的十个卫星城

我写过中国最有前景的十个城市，以及最没有前景的十个城市，各种议论“排山倒海”。我希望没有前景的城市能发展，有前景的城市有特色、有国际知名度。骂我，也不能让当地经济发展，还是省省力气吧。

2008年以后中国经济转型，投资回报率到达临界点，制造业必须转型，固定资产投资顺理成章带动了城市化进程。

中国正在形成大大小小的城市群。目前，中国正在形成三大国际级城市群，长三角、珠三角较为成熟。内部落差最大的城市群京津冀，终于在中央的关心下，有形成城市群的趋势。

核心城市与卫星城市

城市群有核心城市，也有卫星城。在分析了核心城市之后，我们进一步分析哪些卫星城比较有前景。

在筛选卫星城的标准上，我们团队挖掘了统计公报、城市规划中与卫星城发展密切相关的数据。

首先，卫星城在核心城市200公里范围以内，利用轨道交通在90分钟以内可以到达。卫星城有自己的独立基因，但没有强大到像杭州、苏州这样有独立品格的程度。

其次，核心城市必须已经有溢出效应，卫星城才能成为承接地。以前北京有“灯下黑”效应，华北所有的资源都往北京集聚；现在北京受制于自然资源等因素，资源必然向周边溢出，才可能在北京周边形成一圈卫星城。

换句话说，只有具备资源溢出效应的大城市才有卫星城，其他城市再重要也无法形成卫星城。从这个角度出发，只有北上广深有卫星城，而武汉、郑州还像 20 年前的北京一样，不断向外拓展城市边界，周边城市的资源在向武汉、郑州集聚，暂时不可能形成卫星城。

第三，卫星城承接核心城市溢出必须有区隔于核心城的行政区划，有经济基础；既有资源又有人才又有文化特色，不会被核心城市黑洞吸附。

根据上述几个条件，我们将三大城市群的所有卫星群筛选了一遍，筛选出了十大最有前景的卫星城；如大家所料，也有我们不看好的卫星城。

城市排名不分先后，不是第一个写的城市就最好，最后一个写的就最糟糕。

长三角

我们首先从长三角开始说起。

根据“上海 2040”草案，上海确立了 2040 年的发展新目标——卓越的全球城市，国际经济、金融、贸易、航运、科技创新中心和文化大都市。为完成这一目标，划定了包括上海、苏州、无锡、南通、宁波、嘉兴、舟山在内的“1+6”上海大都市圈。总面积 2.99 万平方公里，总人口约 5400 万，这里将是上海区域一体化发展的核心，形成 90 分钟的交通出行圈。

在此都市圈之外的城市，从区划上说不可能成为上海的卫星城。但宁波、苏州、无锡等过于独立的城市，同样不可能成为卫星城。

目标城市非常明确。

昆山

我有一次坐飞机，边上一位台湾同胞说要回“上海”，到了上海，才知道人家回的是昆山，他有企业在昆山。这则轶事说明了昆山与上海的“血缘”关系。

2017 年 1 月 4 日，昆山规划局公布《昆山市城市轨道交通线网规划（简本）》，规划中除了包含有大家所熟知的 S1 号线及其支线外，还有另外 3 条轨交线路，分别为：苏州市域轨道 S2 线、S3 线以及昆山城市轨道 K1 线。

S1 号线从苏州到昆山花桥，全长 41 公里；S1 支线从昆山到太仓，全长 7 公里；S2 线从苏州到太仓，全长 30 公里；S3 线从苏州到上海，全长 25 公里；K1 线从昆山周市到昆山张浦，全长 26 公里——昆山成为上海、苏州的腰眼，与上海、苏州同城化。

昆山算是最“牛”的县级市，开启了苏昆沪、苏昆太时代，根据昆山的城市规划，到 2030 年昆山城市的性质是“国际知名的先进产业基地，毗邻上海都市区的新兴大城市，现代化江南水乡城市”。

目前，高铁、动车从上海到昆山每 5 分钟到 10 分钟就有一班，11 号线从迪士尼直通花桥，苏州有地铁通花桥；上海和苏州无缝对接，昆山是上海的一部分，也是苏州的一部分。

从轨道交通、产业结构、人才方面看，昆山具有实现目标的现实基础；既有经济基础，又有依附在发达经济之上的水乡文化。

昆山是苏州地区外向型经济的代表城市，工业非常发达：2015 年第一产业占比 0.93%，第二产业占比高达 55.05%，第三产业占比 44.02%。这已经是工业占比下降之后的结果，2010 年第二产业占比高达 64.077%。

从 1978 年后的整个市场改革开放阶段，以昆山为代表的地区是溢价最高的地区，掘出中国现代工业社会时代最大的一桶金。工业下行之后，昆山又成为城市群形成过程中受益最大的地区。

不仅如此，在产业链形成的过程中，昆山已经有了企业家、技术人员等完整的人才链条，有4个国家级、省级经济技术开发区，我曾经参观过昆山杜克大学，虽然不大，但内部环境国内一流。加上苏南文化与上海比较融合，“沪漂”乐意在昆山购房，昆山房价与上海外环房价衔接。

太仓

太仓城市独立基因较少，相比昆山，经济不算发达。

但太仓有两个优势：一是距离上海的宝山、嘉定、崇明非常近，区位优势好，既可能通过轨道交通形成密切的城市群，也可以与上海形成上下游产业衔接；二是融入上海的意愿十分强烈。

太仓的城市规划定位是“突出临沪优势、全面对接上海，承接上海制造业转移，建立沪太上下游产业配套”。

太仓上海配套产业链逐步形成。“十一五”期间，太仓每年引入上海项目投资额几亿元，占引进内资比重不足10%。而“十二五”期间，太仓共引进529个沪上项目，注册资本130.71亿元，比“十一五”期间增长88.6%，上海项目占引进内资的比重将近30%。

作为港口城市，太仓嵌入上海成为国际航运中心的一部分。太仓港三期工程正和集装箱码头，由太仓港与上海港合资经营，上港集团占45%的股权。上海港江海中转功能转移到了太仓港，上海洋山港则突出国际航运中心。

紧邻上海宝山区的浏河人民医院已经全面托管给上海交大附属第九人民医院，并冠名为“上海交通大学附属九院太仓分院”。

虽然与昆山等市相比，太仓的经济基础、人才基础有所不如，但架不住区位优势以及迫切的融入之心。上海人民表示很欢迎，太仓超三成新建商品房为上海人所购买，浏河镇更是超过七成。

昆山与太仓已经成为上海的外环之外环。

根据统计局的数据，2016 年上海外环以外房价为每平方米 18127 元，据百城房价数据，同年昆山为每平方米 11767 元，太仓为每平方米 11600 元，承接了上海外环以外的部分需要。虽然太仓房价不如昆山高，但近六年增速超过昆山：从 2010 年到 2016 年，昆山房价上升 34.66%，太仓则为 62.01%，太仓基数低空间大。

太仓目前最糟糕的是交通，上海到太仓没有轨道交通，只能开车或者坐大巴。估计会在这两三年内大为改善。

根据昆山的轨道交通规划，未来太仓将融入上海、苏州城市轨道交通网络。2016 年 9 月，就有新闻披露，沪通铁路太仓至四团段前期工作已经启动。这一铁路贯穿上海、苏北南通与苏州地区，而太仓则位于这条线路的中心区域。

南通

相比昆山，南通在轨道交通和高铁方面略有落后。南通虽然离上海近，直线距离 100 公里，但此前由于一江之隔，咫尺天涯，启东、南通比起苏昆一带，既遥远又贫穷。

说到南通就会说四座大桥，大桥从公路上打通了上海和苏南；苏通大桥与崇启大桥已通车，沪通大桥离建成不远，崇海大桥喊得早建得晚。建桥太重要了，苏通大桥的拥堵程度在全国都能排得上号。

虽然大桥建设如火如荼，但公路依然有些远。目前从上海到南通仍需要乘坐大巴，时长两个半小时左右。幸运的是，高铁以及轨道交通建设已在计划之内：2014 年 8 月 11 日，南通轨道交通规划获得国家批准，2014 年到 2020 年规划建设 1 号线和 2 号线一期工程，全长约 59.55 公里。其中 1 号线可直达南通西站；2019 年沪通铁路通车后，38 分钟即可直达上海。半小时的同城效应，将使南通与上海“同城”，给南通带来质的变化。

沿海、沿江高铁，则主要着眼于打通苏北、苏中到苏南，以上海为高铁节点，向盐城和温州等城市两翼发展。

虽然交通还要过两年才能跟上南通融入上海的迫切之心，但在产业结构和城市特色方面，南通丝毫不逊色于其他任何卫星城。

南通是上海的北大门。根据规划，南通城市性质定位为“东部沿海江海交汇的现代化国际港口城市，上海北翼的经济中心和门户城市，发展现代服务业、高新技术产业和先进制造业”。南通也是苏北的南大门，苏中的东大门。南通的区位优势无与伦比。

上海制造业转移到南通，是因为南通资源价格低，工业基础不错。2015 年南通全市规模以上（主营业务收入 2000 万元以上）工业企业有 5066 家，在全省范围内排名可进前三，固定资产投资从 2010 年的 2168 亿元升至 4376 亿元，5 年上升一倍。不仅如此，据不完全统计，南通有 6 个国家级和省级工业园区，是上海周边较多的一个。

产业转移意味着物流接轨，南通成为上海航空物流的后台支撑。2016 年 11 月，南通机场与上海机场集团、浦东国际机场货站有限公司正式合资组建沪通空港物流发展有限公司。该公司除开展航空货站业务外，还将开展旅客行李处理、装卸机操作以及货运代理业务等。

南通的苏通园区，距离上海和苏州市区仅一小时车程，从构想到进入实质性开发仅用了区区一年的时间，2017 年落户亿元以上产业项目 59 个，超过 2016 年 3 倍。

南通迫切融入上海的意愿，得到了江苏与上海的支持，权力部门的支持很重要。原江苏省委书记、现上海市委书记李强在 2016 年 11 月 19 日省第十三次党代会南通代表团审议工作报告时指出：南通是江苏发展“潜力股”，要做好跨江融合、接轨上海这篇大文章，努力把南通建设成为上海的“北大门”，为全省发展大局多做贡献。

上海虽然有点小心思，但基本上还是抱持欢迎的态度。除了苏州和无锡以外，南通是江苏省唯一被划入“上海 2040”草案的城市，前面我们已经提到，苏州和无锡过于独立，无法成为上海的卫星城，南通未来数年将从环沪众多城市中脱颖而出。工作在上海，周末乘坐高铁半小时回到南通，会成为许多“沪漂”生活的一部分；甚至，有可能南通本身就成为上海的一部分。

嘉兴

嘉兴是浙江最靠近上海的、有独立基因的城市。无论是长三角城市群还是大上海都市圈，嘉兴都是一个无法避开的城市。嘉兴有明确的区位优势，位于长三角杭嘉湖平原腹部，江河交汇之处，距上海、杭州和苏州等城市仅 100 公里不到，地处杭州与上海中间，轨道交通将把三座城市连成一线，最终实现沪杭同城。

与昆山、太仓和南通相比，嘉兴在高铁轨道等方面已经领先。从上海到嘉兴的高铁动车有接近 100 个车次，平均 5 分钟到 10 分钟一班，半小时左右即可到达目的地；沪杭高速经过嘉兴，是中国最繁忙的高速公路之一。

在地铁方面，嘉兴“野心”更大。2015 年 6 月 12 日嘉兴市发改委发布的《嘉兴市轨道交通线网规划》意见征询公告显示，嘉兴轨道交通为放射网结构，由 5 条线构成，全长 295 公里，其中 3 号线以嘉善客运中心为起点，对接上海轨道交通 9 号线松江段，2 号线对接上海轨道交通 22 号线。

嘉兴的工业基础雄厚，人才基础也不错。2015 年嘉兴第一产业占比 4%，第二产业占比 52.6%，第三产业占比 43.3%。作为工业接轨上海的重要行业之一，2016 年沪嘉两地汽车以及零部件企业进行了交流。嘉兴市汽车及零部件产业起步于 20 世纪 80 年代末，经过多年发展，许多生产企业已与宝马、奔驰、奥迪、大众等世界 500 强汽车厂商建立了稳定的配套协作关系。清华大学长三角研究院坐落在嘉兴，以嘉兴为圆点，向整个长三角地区，发挥人才辐射效应。

与南通、昆山等市相比，嘉兴有其弱项。嘉兴在文化上并不那么热衷于接轨上海，这从房地产、交通上可以看得出来。

“沪漂”与上海老人很早到昆山买房，而到嘉兴买房是比较晚的事。根据嘉兴市互联地产科学研究院的数据，2016 年嘉兴市本级商品房成交年均价约 7478 元 / ㎡，同比上涨 2.72%，这是嘉兴大幅上涨之后的数据，与昆山每平方米 1 万多元的房价还有不小的距离。

高速公路上海到江苏境内交钱拿卡就一个口，但到浙江就有两个口，枫泾收卡交钱，到嘉善再拿浙江境内的卡。浙江与江苏对上海态度的不同可见一斑。

近两年有所好转，融入上海态度明确。嘉兴市委在《2016 年嘉兴市深化接轨上海工作实施方案》中指出：着力构建与上海高端产业配套融合的现代产业体系，与上海产业协调发展；加强高端装备制造、电子信息等先进制造业以及现代物流、科技与信息服务、金融、文化旅游和健康服务业等现代服务业的对接与合作。嘉兴市政府驻上海联络处专职副主任边淑兰在 2016 年 3 月提到，嘉兴农产品 25% 销往上海，2015 年从上海引进的内资项目达到了 280 个，占引进内资比例 20% 以上，上海到嘉兴的游客数占 38% 以上。

由于昆山和太仓等房价上升，作为价格洼地的嘉兴受到上海人的青睐。据 2016 年 7 月《青年报》报道，嘉兴某楼盘 70% 购房者均来自上海。知乎上的一个名为“上海上班，嘉兴买房可以么？”的问题下，20 个回答中，约一半回答都偏向于买房，或者观望。目前来看，如果真要实现当天来回，恐怕只有在上海虹桥上班才能实现，但考虑到未来的都市圈辐射效应，嘉兴会是最大受益者之一。

京津冀

接下来说一说京津冀城市群。

北京是京津冀城市群中毫无争议的核心城市。根据北京市总体规划，其定位是“中华人民共和国首都，全国政治中心、文化中心，是世界著名古都和现代国际城市”。交通方面，京津冀城市群以京津为主轴，辅以石家庄、秦皇岛为两翼区域快速铁路网构架，覆盖京津冀地区主要城市，形成以北京、天津为中心的两小时交通圈。

北京到雄安新区在两小时都市圈，北京新机场到雄安新区，未来一个小时之内可到达。京津冀地区企业大脑、政治文化大脑、港口布置都已明确。

一直以来，北京是一个资源聚拢型城市，俗称“灯下黑”，石家庄、天津与长三角、珠三角的城市比，存在感并不那么强。当北京再也装不下太多资源的时候，发现周边重工业围绕、空气质量下降，京津冀城市群被提上前所未有的重要位置。资源开始向周边城市溢出，卫星城熠熠闪光。

即使如此，从数据看，北京的卫星城发展仍然没有长三角、珠三角健康。单看北京，人均本外币存款是一线城市中最高的，给人一种“北京比上海、深圳更好”的感觉。但如果挖掘其周边城市数据，会发现想多找出几个出色的卫星城十分困难。

天津过于独立，而石家庄、张家口和秦皇岛等地距离北京太过于遥远，“北漂”在奋斗多年之后，几乎不可能定居在这么远的城市，买房买车以及养育后代。通州和燕郊是“北漂”们的“睡城”，不符合我们的卫星城必须有独立行政区划的原则。北京卫星城县级市过多，此处以地级市为筛选范围，因此最终筛选结果很明确，入选城市非常稀少。

廊坊

从整体规划和地理位置来看，京北地区地广人稀，可能以生态旅游、冰雪运动等特色服务业为主，京西地区偏向于养老、商务休闲等产业，京东南地区则成为未来经济发展的重点。

唐山曾经大力推进曹妃甸工业区的发展，但无奈的是发展不如预期，并且体量大到不可能成为北京的卫星城。天津一度大力推进滨海新区的发展，而后及时转向，目前重心转向了西北面，武清区等地成为主要受益者，在资源、交通、政策方面先全力对接北京，享受京城资源溢出。

地处北京和天津中间的廊坊，已经成为最快崛起的卫星城之一。

首先，从交通方面来看，廊坊占据优越的“地利”，恰好位于京津之间，离北京驾车距离仅 60 公里不到，距离天津驾车约 85 公里，距离首都国际机场和天津滨海国际机场约 70 公里。

高铁发达，京唐城际、京滨城际已在 2015 年内开工，廊涿城际以及联络线也即将开工。其实目前开通的高铁已十分便利，2011 年 6 月 30 日通车的京沪高铁贯穿廊坊，每天 43 个车次，到达北京仅需 20 分钟，南往天津仅需 20 分钟，实现了京津一小时生活圈。廊坊还立项对接北京的轻轨延长线，起点为北京亦庄轻轨站，未来可直达廊坊城区。在北京上班，生活在廊坊，依赖高铁通勤，实际上已经成为许多“北漂”的日常之一，地铁的开通无疑会进一步降低通行成本。

尤其值得关注的是兴建中的北京大兴国际机场，尽管正式名称未定，但带来的空港经济圈效应不容忽视。大兴机场一半建在大兴区，另一半在廊坊市广阳区。新机场一期将建设 4 条跑道以及 1 条军民两用跑道，位于廊坊市的面积占三分之一，建成后预计年吞吐量 4500 万人次，远期吞吐量 1.2 亿人次，将成为亚洲最大机场，估计 2019 年 7 月启用。廊坊经济已经融进北京的血液里。

对于北京新机场空港经济区来说，固安、永清和廊坊广阳区是直接受益者。根据《廊坊市空港新区概念性规划》，空港新区包括廊坊西部的大万庄、固安县和永清县的部分区域。临空经济区的会展、物流和高端制造业，将大幅度带动当地就业。预计 5 年后固安人口将突破 100 万，为北京市带来 80 万以上就业，直接带动区域就业 30 万人。

其次是产业结构，廊坊融入北京之心十分迫切，也有实力对接。近年主动引进了一批优秀项目，包括精雕数控机床、华创天元、久智光电子和东芝避雷器等。截至 2016 年 6 月，全市规模以上高新技术领域企业 274 家，增加值 82.1 亿元，同比增长 12.6%，比全省高 1.1 个百分点。形成电子信息和高端制造业产业集群。据《人民日报》报道，2015 年京津冀产业转移对接活动上，廊坊共签约 37 个项目。

政策资源的倾斜、便利的通勤以及明显低于北京的生活成本，足以吸引大量的“北漂”。最有说服力的当然是房价。根据安居客《2016 国民安居报告》，廊坊二手房价格同比涨幅高达 103%，一举成为 2016 年最大黑马，涨幅位列全国第一。

2017 年，廊坊房价大跌，这是政策调控的结果；否则，不光廊坊，雄安的房价也会被炒得飞起。

保定

与廊坊相比，保定距离北京较远，保定在北京与石家庄之间。从大京津冀来看，保定恰好与北京、天津形成等边三角形。

尽管距离北京远，没有太大区位优势，但在产业基础、人才储备和承接北京城市功能方面，保定没有逊色太多，可以承接京津两地的溢出资源。

交通规划方面，保定具有融入“京津冀半小时交通圈”的潜力。目前北京到保定已有高铁动车，平均 5 分钟到 15 分钟一班，平均历时为 50 分钟，是北京到廊坊的两倍。另外，保定市政府在 2016 年工作报告中提出，重点推进“京津保城际铁路环线”和保五忻（保定—五台山—忻州）专线、保沧（保定—沧州）铁路等建设。未来津保铁路开通后，将串起 10 大铁路线，使保定成为京南铁路最重要交通枢纽。

保五忻客运专线始于保定市，保定段约 154 公里，将有效改善京津冀地区铁路网格局，承接部分北京交通枢纽功能，分流京西、京南过境交通压力。

保定就在雄安新区边上，雄安新区未来发达的交通，必然有利于保定的发展，2018 年有 4 条高速公路保定段会建成通车。

疏解北京交通压力，只是未来保定的规划之一。根据城市总体规划，保定定位于“先进制造业和服务业为主的京津冀地区中心城市之一，承接京津项目扩散和科技成果转化，建设京津绿色农副产品供应基地”。侧重于产业转移，承接新能源、装备制造以及电子信息产业。

对接北京物流与农贸产业，是保定的特色，早在 2010 年 4 月，北京新发地农产品批发市场与高碑店市人民政府就签订了《北京新发地高碑店农产品物流园区项目协议书》。据河北新发地农副产品公司数据，截至 2017 年 2 月，高碑店新发地入住商户达 8600 户，80% 来自北京，每日成交额 1.15

亿元。每日减少进京车辆 2000 余辆，全年减少进京车辆接近 80 万辆，疏解外来在京人口约 2 万人。

另外，保定产业结构三十年来也发生了很大变化。比如汽车以及零部件产业，保定拥有国内名声极响的民营汽车制造企业长城汽车，国产的 SUV 在县城到处都是，还是中国皮卡、经济型 SUV 产销、皮卡出口第一城。纺织服装已经形成了一带（东部纺织服装产业带）、四城（高碑店白沟箱包城、容城服装城、高阳纺织城、蠡县皮毛城等四大产业名城）、十园（容城大河服装、高阳宏润等十大产业园区）。主攻的食品加工业，已签约多个项目，与国内名企联手，围绕农业办工业，已经有汇源果汁二期、定兴喜之郎一期和伊利二期等建设项目。

有好的产业结构、便利的交通，如果同时具有人才储备优势，产业还能再提升一个档次。根据官方数据，保定现有 16 所高校，在校大学生 25 万人，各类科研院所 140 多所，高校数量在全国地级市中位列第一。保定市人民政府 2017 年 2 月消息称，保定现有各级各类学校 4989 所，在校学生 198 万人，教职工 13 万人。

北京、保定医疗资源也在不断对接，根据官方消息，2016 年全年，北京儿童医院共派出专家 85 人，至保定医院共计 586 人次，看诊患者 2378 人次，由保定儿童医院转诊至北京儿童医院的患儿 226 例。全年医院门急诊患者 343754 人次，较前一年年增长 34.89%；手术 2254 人次，增长 20%。

保定的问题是产业重、污染重，虽然华北电力等大学在保定，但老师们对于北京、保定两地跑深感痛苦。“北漂”为了下一代，可能在保定与北京接壤处安家，比如涿州市，而不是直接跑到保定市去。因此，保定这个卫星城只能说是半个卫星城。

便利的交通、高校资源和医疗保障，令保定房价受益颇多。根据中国房地产百城价格指数，2010 年保定房价平均 3732 元 / 平方米，而 2016 年跳涨到 7260 元 / 平方米，涨幅接近一倍；涿州多个楼盘价格破万，这显然与当地收入不符，而是北京财富的功劳。2017 年 3 月，河北涿州发布《关于保持房地产市场平稳健康发展的实施意见》，提出对非本市户籍居民且连续缴纳社会保险或个人所得税一年（含）以上证明家庭，限购 1 套商品住房（含二手房）且首付款比例不低于 30%；对本地户籍居民家庭购买第 2 套住房时，首付款比例不低于 50%。小喇叭广播了，涿州也限购了，虽然跟周边比，还算温和。

考虑到通勤成本，目前“北漂”还无法完成“北京上班，在保定买房定居”的小目标。至少涿州这样的卫星城，已经成为“北漂”的候选。

张家口

说到区位优势，张家口远不如廊坊和保定，虽然北京延庆区与张家口很近，但延庆区本身离市中心太远。相比于北京通州、天津武清区和廊坊北三县（三河市、香河市和大厂县），张家口在京津冀一体化过程中，长期处于边缘地位。

在选择张家口这个城市时，我们犹豫了很长时间。之所以最终中选，是因为冬奥会、城市规划，以及只能成为北京后花园的经济基因。

张家口在环北京经济带不算发达，有三大特色——风大、天蓝、人懒。有当地人说，张家口不适合工作，很多产业尤其是朝阳产业在这几乎为零，家里没关系很难找到像样工作。房价听上去不贵，但比平均收入高多了。

有个张家口人写了一段话。

石家庄：我是省会；张家口：我有蓝天

保定：我有河北大学；张家口：我有蓝天

沧州：我有港口；张家口：我有蓝天

唐山：我经济好；张家口：我有蓝天

邯郸：我历史悠久；张家口：我有蓝天

衡水：我有衡水中学；张家口：我有蓝天

廊坊：我靠近北京；张家口：我有蓝天

秦皇岛：我山海关全国驰名；张家口：我有蓝天

邢台：我小工业遍地；张家口：我有蓝天

承德：我也有蓝天；张家口：我经济比你好点儿

京张地铁的建设，冬奥会的催化以及对接北京产业，使得张家口有足够的底气追赶其他卫星城。北京与张家口联合承办2022年冬奥会，成为张家口发展的催化剂，申奥成功后张家口的房价噌噌地涨。

根据城市总体规划，张家口定位于冀西北地区中心城；连接京津、沟通晋蒙的交通枢纽，逐步建成河北省重要的能源工业基地，这里风大，温差大，适合发展再生能源。

要成为京津与晋蒙之间交通枢纽，高铁必不可少。2015年11月，国家发改委正式批复京张高铁可行性报告，预计2019年年底建成，起点为北京北站，途经沙城、下花园、宣化，至张家口，全线长约174公里。目前北京至张家口的火车平均历时2.5小时，高铁开通后将缩短至50分钟以内，进入1小时经济圈刚刚好。

张家口是中国铁路的发源地，中国人自主设计修建的京张铁路历史悠久，已运营超过100年，终于要被新的京张高铁替代。

高铁弥补京张两地交通短板，赛事举办地将进行大规模基础设施改造，张家口固定资产投资在河北名列前茅。传统的基础设施、地产、机械、环保和新能源行业迅速发展，在冬奥会主题下，冰雪产业将成为张家口新的经济增长点。

冬奥会将带动3亿人参与冰雪运动，假设5%的滑雪人口，以及人均活动消费500元/年，则国内冰雪产业每年创造325亿元产值，以1：10规模拉动相关产业的话，则每年冰雪关联市场规模在3000亿元以上。2015年，原张家口市委书记侯亮在一次新闻发布会上表示，成功申办冬奥会，可为张家口市增加20万以上就业岗位。冬奥会举办之地往往成为一国滑雪圣地，滑雪圣地往往是富裕人群第三套房集中的地方。

根据河北省政府网信息，2014年张家口市出台《关于进一步加强与北京合作的意见》，与北京市国资委签署《关于加强经济合作、促进产业发展的框架协议》，进一步推动与北京对接合作。2014年，张家口先后与32家央企确立合作关系，合作项目158个，吸引投资总额3028.77亿元，与143家北京企业合作，引进项目147个，投资额1086.4亿元。

北京曾经灯下黑，张家口首当其冲；为保证北京用水，不得不关停大量企业，严格限制新企业成立，退耕还林还草，甚至不惜拉闸限电优先满足北京。“把风沙挡在河北，把清风送给首都，把清水送给首都，把污染留在河北”，是张家口真实的写照。

张家口被迫走上生态环保之路，现在反过来成为发展旅游的基础，有草原有蓝天，成为雾霾重重的京津冀地区难得的资源。

珠三角

结束了京津冀卫星城巡礼，压轴出场的是珠三角城市群。珠三角是三大城市群中最特别的一个，有两个核心城广州和深圳，广深风格完全不同，是中国所有城市群中罕见的现象。

广州的卫星城是佛山。深圳有两个卫星城，从深圳到这两个城市，形成了一个几乎等边的三角形；在三角形内部，就是深圳庞大的腹地。

佛山

由于地理因素，广州东西向发展，距离广州车程仅 25 公里的佛山，无疑是广州最合适的卫星城，“广佛同城”的口号早在 2009 年就出现了，当时，两市已经编制完成《广佛同城化发展规划（2009—2020 年）》，成为国内第一个跨市共同编制的同城规划。

佛山立志成为全国重要制造业基地，国家历史文化名城，珠三角地区西翼经贸中心，综合交通枢纽。在 2016 年“两会”期间，有消息称佛山市政府申请将佛山西站更名为广州西站，可以看出融入广州意愿十分迫切。

“广佛同城”，首先是交通基础设施逐步对接，2010 年国内第一条两市投资的轨道交通广佛地铁正式开通。截至 2016 年 12 月，佛山地铁 2 号线、3 号线和 7 号线西延线正在建设，新的规划显示，佛山市线网规划的地铁线路将达到 14 条，长度约 562 公里，其中市域骨干线 6 条，市区加密线 4 条，外围补充线 4 条。

2016 年，广佛地铁单日最高客流 34 万人次，随着路线完善，广佛地铁从最初的佛山禅城、南海与广州荔湾互通，升级为广州荔湾、海珠与佛山中心城区半小时一线通达，从佛山中心区可一小时内到达广州天河区。

佛山有自己独特的产业基因。从制造业基础来看，佛山几乎可以称为华南最强制造业基地。2015 年，佛山规模以上装备制造工业总产值 5933.34 亿元。

中德工业服务区就位于佛山，拥有近 2000 亿元产值，落户 40 万家制造企业，是中国唯一一个以工业服务为主的国际化合作平台。2016 年 11

月，德国联邦并购协会总经理里格表示，根据协会数据，2016年以来两国企业间投资并购已达164起，金额高达720亿美元，是2015年的两倍，已有220家企业被中国企业并购。能把中德工业服务区放在此地，本身就说明了产业的完善。

高校间合作越来越广泛，人才留在佛山。2016年11月，佛山市顺德区与广东省教育厅共同启动广州大学城卫星城项目，计划2020年前，在顺德北部片区建3万套人才公寓，依托“十百千万人才工程”和14所大学及周边高校，共建卫星城。尤其是北部片区聚集了智能制造、生物医药和会展三大重点产业。随着广州地铁7号线西延顺德段2020年开通，广州大学城可直接搭乘地铁前往顺德北部三镇，全程25分钟。广佛同城化是中国城市化发展的标本，像是一大一小两颗珍珠。

有区位优势同城化，有产业优势留下技术工人与科技人才，有政策优惠和人才公寓降低成本，佛山、广州的高校、产业有了对接的标准路径，以此为基础的广佛同城，无疑将成为珠三角“核心城+卫星城”的样板。

2016年8月26日，《南方日报》报道了广佛同城时代，在两地往返的“钟摆族”的生活。有为了教育、医疗和交通等配套设施，选择在佛山买房的文员；也有每天从广州驱车归家，每月油耗过路费超过2000元的技术研发白领，不仅是为了广州更高的工资，更是为了能拥有与女友在一起的慢节奏的小城生活。

越来越多的人过上钟摆生活，资源、信息、消费、财富因此而流通。佛山因此和廊坊一样，成为最靠近核心城市的卫星城，最终成为核心城不可或缺的重要部分。

东莞

东莞位于广深中间，但东莞是深圳的卫星城，不是广州的。

华为离开深圳的新闻闹翻天，当然不是华为将总部搬到了东莞，而是深圳已经容纳不下，部分产业开始外溢，华为将自己的手机业务——华为终端——迁至东莞，华为的“心脏”——企业数据中心（EDC）——也离开深圳到达东莞。

不是深圳要让华为跑了，而是东莞已经成为深圳的卫星城。华为终端业务落子东莞松山湖，既可视作深圳产业辐射外溢，也是深莞惠一体化开花结果。

根据东莞城市总体规划，以及《东莞市国民经济和社会发展第十三个五年规划纲要》，其城市定位是“国际先进制造基地，珠三角重要中心城和区域性枢纽”。力争建设“环深创新资源融合发展带”和“临港现代产业创新带”，分别对接深圳和广州，形成南连深圳大沙河创新区、光明新区、南山区，北接广州科学城的“创新走廊”。东莞左拥右抱，广州、深圳谁也不得罪。

从经济发展趋势看，深圳与东莞更密切，深圳仅有不到2000平方公里的土地，离不开腹地支持，广东省委、省政府早早布下了深莞惠一体化的大棋局。从电子产业链等来看，东莞与深圳形成密切的产业链，而产品从深圳港口出口，从物流链条上为一个板块。作为华人世界著名的服务之都，东莞从香港等地吸引了不少人流。

从经济结构和产业基础来看，东莞是珠三角的领跑者，也是珠三角经济起伏的证明。

东莞第一轮经济腾飞始于20世纪80年代，大量香港资金进入；第二轮在90年代初期，台湾企业大量入驻；第三轮则是2000年之后的深圳产业转移，包括“三来一补”行业，电子产业OEM；第四轮产业升级同样由深圳带动，布局中高端产业，大型企业制造中心、研发中心在东莞落户。

轨道交通把东莞、广州、深圳连为一体。根据2018年初深圳、东莞、惠州的轨道交通计划，目前深圳已有8条地铁与莞惠有明确的对接方案，深圳与莞惠连接的首条地铁或于2022年建成，即深圳6号线支线与东莞1号线贯通运营。从深圳到东莞坐地铁将在2020年实现。

目前东莞地铁2号线，已经在2016年5月27日开通，1号线则于2016年9月底开工建设，同时还预留了与广州地铁接驳的接口。

在高铁方面同样进展迅速，目前从广州到东莞的高铁有超过80个车次，15分钟一班，从深圳到东莞有超过70个高铁动车车次，15分钟一班。2016年12月22日又一条高铁开建，赣深高铁先期工程在河源、深圳、东莞、惠州四个城市同时举行启动建设仪式。赣深高铁自赣州西站出发，途经河源、惠州和东莞，最终接入深圳北，共设计14个车站。

深圳企业向东莞等周边地区扩张已成为常态，2013年大疆科技在东莞买地，2014年中兴通讯在河源建立百亿级生产基地，2015年比亚迪选择在汕尾建立新能源汽车产业基地。华为和阿里巴巴都趋向于把研发中心放在深圳，将制造、仓储物流和供应链等放在周边城市。高端制造业、信息产业的“研发+制造+物流”一体化模式，将成为未来深莞惠一体化的主要方向。

尽管近几年来，东莞制造业一直被媒体唱空，但从广东制造业数据来看，东莞倒是有不少惊喜。2015年广东省制造业500强名单中，东莞有包括广东东阳光科技控股股份有限公司、东莞劲胜精密组件股份有限公司、东莞建晖纸业有限公司等20家公司入选，占全省的4%。

与往年相比，上榜的代工企业数量大幅减少，精密仪器、3D打印和铝业投资企业崛起。东莞已从传统的代加工模式，转向智能制造和电子信息等，如果能抓住深圳产业转移的机遇，必定能从珠三角城市群脱颖而出，摆脱“衰退”的固有印象。

深圳新闻网 2017 年 2 月 21 日报道了一则“双城故事”。家住东莞凤岗的李志强，在深圳一家企业中担任中层管理，每天早上 7：30 从家中出发，到深圳工作，晚上回东莞睡觉。在 2013 年年底买的 130 平方米房子，目前均价已升至 2.5 万元 / 平方米。

惠州

惠州是座历史悠久的城市，也是一座逐渐被掏空的城市。

170 多年前，香港从惠州划出；30 多年前，深圳从惠州划出；20 多年前，东莞从惠州划出。独立之后的城市，无一例外都成为经济重镇，令惠州这个“本体”十分尴尬。

现在到了其他城市反哺惠州的时候。2016 年 11 月，惠州第十一次党代会提出，要打造综合区域枢纽，全面融入广州、深圳和香港的 30 分钟生活圈，交通是未来 5 年惠州的最大着力点。

从地图来看，惠州恰好处于深莞惠经济区中心，深圳的东进战略，以及东莞、河源和汕尾对接深圳，都无法绕开惠州。未来将有 3 条高铁往返于深惠两地，包括厦深高铁、赣深高铁和深惠城际，其中厦深高铁已经开通，其余两条将在 2020 年建成。除此之外，深圳将有 5 条地铁延伸至惠州，包括 14 号线、21 号线、16 号线、8 号线和 19 号线。

深莞惠一体化初见雏形。

轨道交通将带来数千亿级别的产业集群，2016 年下半年以来，一批国内的优质项目、资金、技术和人才，已经顺着轨道向惠州奔涌而来。创新基地惠州“潼湖生态智慧区”引进超过 1500 亿元的研发项目。

2016 年 11 月 24 日，包括 TCL 集团智能互联网全球研发基地、胜宏科技业务总部及软硬结合板研发中心、赢合科技研发总部及天健国际物联网孵化器等 8 个项目也落户惠州潼湖生态区。其他重点项目包括华大基因惠州基地以及中关村科技金融小镇等等。惠州创新驱动建设初步形成，深莞惠半小时经济圈将不再高低不平。

大量深圳企业入驻惠州。从 2013 年以来，惠阳共引进工业项目 302 宗，其中 213 宗是深圳公司投资的，占 70.53%，转移项目投资总额 231.52 亿元。

惠阳是惠州对接深圳的桥头堡，尤其是重点片区的 PPP 项目。早在 2016 年 11 月 23 日，惠阳区委书记胡斯平表示，惠阳规划建设 10 个以上产城人融合的新片区，该区已初步梳理出 25 个条件比较成熟、可采用 PPP 模式的项目，初步估算总投资约 400 亿元，PPP 项目就是为全面对接深圳打基础。

除了交通、产业园和 PPP 对接，惠州还有一个其他城市没有的优势，就是优秀的旅游业资源。粤港澳大湾区与美国湾区一比高下的“野心”呼之欲出，惠州是重要的节点城市。

2016 年 7 月 14 日，《南方日报》报道几则工作在深圳、居住在惠州的白领生活。家住大亚湾的张相红每天早上 7 点出发，开车 50 分钟前往龙岗上班。跨城市生活，路不近，但房价低、生活成本低，可以过上滋润的小日子。

相比廊坊、保定和佛山等较为发达的卫星城，惠州的生活配套设施，尤其是教育资源，相比深圳有很大差距。很多居民选择居住在惠州的同时，仍将孩子送回深圳上学。如果政府将资源倾斜到惠阳和大亚湾等县区，无疑能进一步增加其竞争力，将双城导向同城。

至此，我们看好的十大卫星城全部写完。有卫星城的城市毫无疑问是资源溢出的一线城市，而我们看好的这些卫星城，正在成为白马地区。

每平方米跌一万，2017 年环京最悲催城市廊坊

北京寒冷的冬天，廊坊早就感受到了。潮白河，是北京与河北的分界线，划分出了两个不同世界，一边是北京通州，一边是河北廊坊。在这条分界线上，形成一道魔幻现实主义风景，白天去东三环上班，晚上回廊坊睡觉，“睡城”因此得名。廊坊，一度成为“北漂”们的精神寄托。购房者队伍里混入大量投机客，环京楼市从夏到冬的典型变化，几乎都能从廊坊找到线索。

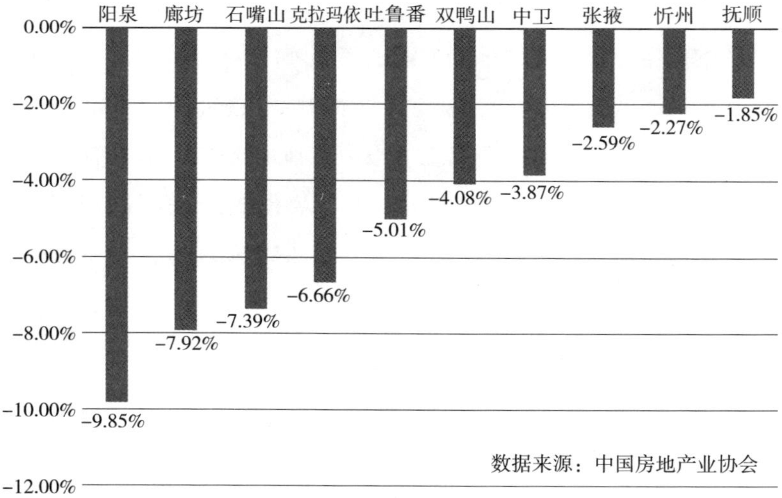

图 1　2017 年二手房价格同比跌幅最大的十个城市

如图 1，中国房地产业协会统计了 293 个城市 2017 年二手房价格跌幅，

其中廊坊排名第二。

国家级高新区是房地产的虎皮

环京楼市看廊坊，廊坊楼市看燕郊。

燕郊，北京城区往东约 30 公里，隶属廊坊市下属三河市，自古以来是京东重镇，堪称天子脚下、御驾行宫。廊坊作为京津冀自发形成的卫星城，绝大多数时候上头条都是因为房价疯涨。

1999 年，燕郊被批准为省级高新技术产业开发区；2010 年，升格为国家级高新技术区。

开发区的名头，让房地产投资有了名号，燕郊最早吸引了投资客的目光。

2002 年当地才出现第一个真正的地产项目，当年仅有两个项目前往北京房展会宣传，房价大约在 1200 元到 1500 元 / 平方米。买房送户口，吸引了一大批“北漂”安家。燕郊因此从 2002 年不足 3 万人，膨胀到 2016 年 120 万人以上，成为环京周边最大城乡接合部之一，几乎可以撤镇设市了。

廊坊成为最大受益者。2015 年 3 月，当地房价均价突破 10000 元 / 平方米关口，2016 年 3 月最高达到 20000 元 / 平方米，2017 年 4 月个别楼盘触及 40000 元 / 平方米，达到 2017 年全年高点。

狂欢正酣，廊坊楼市遭遇政策狙击

2017 年 3 月，当地政府出台限购政策，对非本地户籍居民家庭限购 1 套住房且购房首付款比例不低于 50%，包括新建商品住房和二手住房；6 月，隶属廊坊的三河市补刀，非本地户籍居民家庭能够提供当地 3 年以上纳税证明或社保缴纳证明的，限购 1 套住房，包括新建商品住房和二手住房。

政策加码、房贷收紧、环京限购，三重压力之下，京津冀投机客无处可逃，廊坊楼市坠入冰窟。

2017 年 12 月 25 日，中国社科院财经战略研究院、城市与竞争力研究中心发布《中国住房市场发展月度分析报告》，截至 2017 年 11 月，以廊坊（燕郊）为代表，从 4 月最高点到 12 月累计下跌 36.9%，跌幅居全国之首。房价中位数由 4 月的 31879 元 / 平方米跌至 11 月的不足 20000 元 / 平方米，一大批投机客被套牢。

目前，京津冀的重心是雄安、通州和北京主城区，廊坊又进入“洼地”，建设规划问题根本不是由北京、河北能定的。

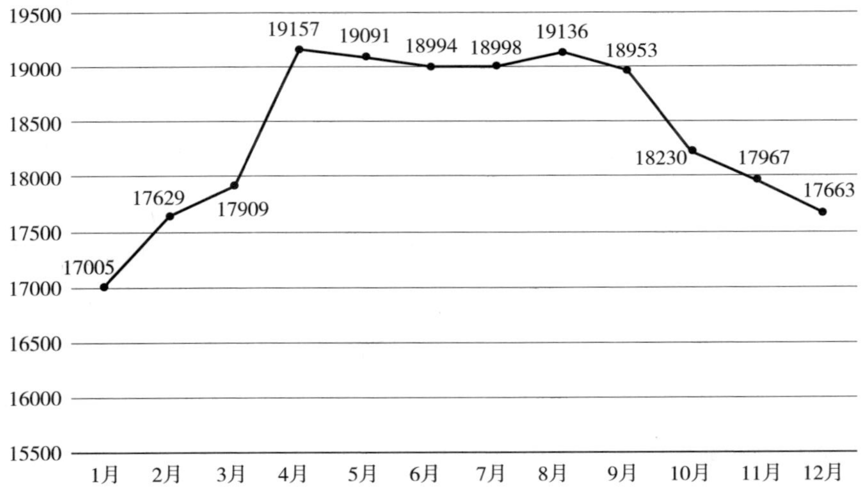

图 2　2017 年廊坊房价走势图

环京区域成交量冰封。2017 年 11 月，固安、香河、燕郊三地合计成交不到 400 套商品住宅，相比 3 月三地合计 6800 套以上的成交量，跌幅超过 90%。

我爱我家数据显示，固安新建商品住宅销售均价自 2017 年 5 月持续下跌，已从最高点 1.5 万元 / 平方米降到 8000 元 / 平方米，累积降幅 42.4%。2017 年 5 月到 8 月，燕郊主城区商品住宅三个月从 2000 多套直线下降到不足 400 套，截至 11 月底商品住宅销售量为 79 套，环比下降 54.3%。2018 年 3 月，廊坊均价 15997 元 / 平方米，环比略有回暖；而最高的时候是 2017 年 4 月，冲到 2.2 万元 / 平方米。

2018 年 1 月 4 日到 5 日，《财经》新媒体记者对河北固安、涿州、燕郊等地房地产价格进行独家调查，三地房价大幅下跌，固安从最高每平方米 3 万元下降到 1.6 万元，除一些二手房正在抛售外，几乎无新房可售。

涿州尽管没有限购，价格降幅依然达到 10% 左右；燕郊房价腰斩，从最高每平方米 4 万元跌至 2.2 万元，有的甚至跌到 1.25 万元。

土地有价无市，接盘侠在哪里

和房价以及成交量一同冻结的，还有土地市场，环京土地成交全面下行。北京、雄安、环京成为楼市调控的重中之重。

2017 年 11 月，廊坊土地新增供应 21 宗，环比下降 28%；成交 19 宗，环比下降 63%；成交金额 9.4 亿元，环比下降 73%。

商办用地仅成交 1 宗，位于固安县。商办用地成交 0.34 亿元，成交楼面均价 1973 元 / ㎡，环比上涨仅 2%。

保定在 2017 年 11 月推出住宅用地 16 宗，自 9 月以来持续走低，11 月环比下降 51%，同比下降 50%；仅成交 4 宗，环比下降 89%，同比下降 87%。成交平均溢价率一直维持低位，11 月仅为 0.15%。商办用地 7 月出现零成交，11 月再次出现零成交。

跪下来，祈祷吧。

2017 年 11 月，张家口住宅土地新增供应 12 宗，规划建筑面积 29 万㎡，环比下降 67%，同比下降 82%；成交 6 宗，规划建筑面积 9 万㎡，环比下降 90%，同比下降 91%。住宅用地成交金额 0.9 亿元，环比下降 85%，同比下降 95%。

冬天，就看出来北京周边的工业基础薄弱了。北京工业企业外迁，廊坊和周边的工业园区几乎没有吸引力，它们的配套设施几乎为零，商场、医院大多空白。更不用说北京庞大的文化创意产业，离开了北京，失去了特有的氛围和土壤，根本无法生存。

一刀切到脚跟，比腰斩还可怕。

不光廊坊、燕郊和保定，“宇宙中心”北京的成交量也大幅萎缩。根据住建委成交数据，2017 年北京一手居住类产品共销售 42428 套，比 2016 年锐减 81164 套，成交金额为 2179.89 亿元，比 2016 年成交下降了 47%。

和廊坊不同的是，北京门槛越来越高，人口终于下降了。2018 年 1 月 19 日，北京统计局公布的数据，截至 2017 年年末，北京市常住人口 2170.7 万人，比上年末减少 2.2 万人，下降 0.1%。

廊坊有什么？易居中国 CEO 丁祖昱给出过一个数字，廊坊只有 20% 的住房自住率。与其类似的还有中山和惠州，这两个城市的本地购房者比例也只有 20% 到 24%。政策限制、不自住、经济基础不好，无怪乎房价跌成这个“鬼样子”。

暴涨暴跌之后，廊坊和环京变成围城，外面的刚需客买不起，里面的投机客出不去。

暂时谢幕，准备下一轮。

坐着火箭在雄安赚钱？不可能！

“绿色”“文化”“创新”，才是雄安的关键词，重点打造北京非首都功能疏解集中承载地，那些想在一夜之间买上增长券，坐着火箭、享受新区未来几十年资产溢价的购房者，该醒醒了！

雄安房价不可能疯狂大涨

房地产持续几十年稳步上涨，说明当地经济向好，房地产是经济红利的标志。房地产短期内疯狂上涨，一定是货币现象，是民众对冲通胀上升的行为。

“二战”后，日本房地产连续几十年上涨，是战后日本经济的红利，从1955年到1974年，日本六大主要城市住宅地价涨44倍，这与日本GDP、人口快速增长有关。经历了平缓的11年后，从1986年到1991年，日本房价6年增长1.7倍，这是广场协议[①]后日元升值、日本央行货币宽松的恶果。

2017年4月1日，雄安新区概念空降市场，炒房客带着现金滚滚而来，希望重享浦东新区建立之后房价上涨的红利。媒体报道，由于雄安被限购，距离雄县近20公里的白沟楼市，一夜间房价每平方米由均价七八千元，涨至4月3日的1.6万元，一时一价。而此时，在白沟镇工作的人员人均月

① 1985年9月22日，美国、日本、联邦德国、法国以及英国的财政部长和中央银行行长（简称G5）在纽约广场饭店举行会议，达成五国政府联合干预外汇市场，诱导美元对主要货币的汇率有秩序地贬值，以解决美国巨额贸易赤字问题的协议。因协议在广场饭店签署，故该协议又被称为“广场协议”。

收入只有两三千元左右。

一天涨一倍，比日本楼市最疯狂的时候还要疯狂，连对冲通胀风险都不能解释了，只有一个解释：这些买房者是想在一夜之间买上增长券，坐着火箭享受新区未来几十年的溢价。以后为新区创造实体财富的人，就要为这些拿着券、抖着腿的人支付买路钱。想想香港的房价是不是也是如此？

雄安新区即使小有成功，房价保持稳定，这是经济发展的红利；但如果一批“食利”阶层几十万人提前把红利薅走，那雄安新区可能还没等到起来的机会，就会垮掉。

政府紧急喊停。4 月 2 日，原定于 10 点开始的雄县房地产开发商、中介紧急会议直到 10 点 49 分才开始。该县分管相关工作的副县长谢克庆称，政府已经工作一个晚上，正在查封查处所有售楼门店，已经取缔了几个卖房的，现在开始停止一切售楼行为。雄县住建局也称，开发、售楼两块要依法，需要土地证和售楼证；雄县公安局称，将对不执行禁令的人员采取措施。

停止交易不是常态，也不可能持久。雄安房地产还是得交易，那就两个办法：一是像新加坡一样政府解决大部分人的住房难题，二是把雄安新区当作房产税的第三个试点区，跟上海、重庆不一样，直接跟美国似的做个有效的房产税体系。

这样一来，房价被抑制了，在雄安创业、工作的人也有了安身立命之所。

雄安新区没有值得夸耀的上市公司

雄安没有值得夸耀的上市公司，目前被炒作为公司代表的是雄安的上一代公司，没有体现出“创新”二字。

2017 年 4 月 3 日香港股市开市，港股雄安新区概念股金隅股份大涨超 40%，早盘开盘涨 23.84%，为公司 2009 年上市以来最大升幅，股价逼近 2015 年夏季“大牛市”的最高点 4.75 港元。

雄安新区目前被推荐的上市公司，主要是房地产、交通运输、建筑等板块，加上一点矿、园林、能源、港口、农业等。而这些企业很难成为未来雄安发展的基石公司。

投机资金入股市，无非看中概念，谁在雄安板块持有的土地多，谁持有雄安上市公司的股权多；这是短炒，被及时摁灭。

雄安新区要建成什么样？

雄安新区设立的初衷是“要重点打造北京非首都功能疏解集中承载地，在河北适合地段规划建设一座以新发展理念引领的现代新型城区”。“绿色”“文化”“创新”，这些才是雄安的关键词，你弄些水泥公司，把水泥公司的股权“勾引”得高高的，是跟雄安的定位唱反调啊。

离雄安不远的保定，有长城汽车这样的国产车的重镇公司，还有雄安的环保公司，再加上从北京等地引过来的现代服务业，全新的农场，现代的旅游……这些才是有想象空间的公司。

雄安发展成浦东需要几十年

雄安新区不是“分都”也不是“陪都”；经济基础不够雄厚，要扎实建成新区需要几十年，起码比浦东需要的时间多。

查了一下雄安新区现在三个县的经济数据，不太好。安新、容城找不到统计公报，只有政府工作报告，缺乏基础数据；只找到了雄县的数据，说明雄县的服务意识、市场意识大概是当地最好的。

以雄县为例，2015 年 39 万人口，人均本外币存款仅 3.37 万元，在国内实在不算多（2016 年，北京市人均本外币存款 63.7 万元，上海市 45.67 万元，深圳 48.5 万元，广州市 33.8 万元）。雄县民营经济是当地最发达的，民营经济 20 世纪 80 年代就进入了省 30 强行列；目前民营经济组织达到 13000 多家，形成了塑料包装、压延制革、乳胶制品、电器电缆四大支柱产业，跟 80 年代的江浙有点像。

雄安新区的发展，需要人才、资金、创新企业。不管是完善的职业教育，还是高等教育，这里全部欠缺；即使从北京引进，也不方便。该地需要形成智能网、人才网、服务网、物流网。从以前的经验看，最乐观的估计，大致成功至少也需要十年左右的时间。

雄安新区不是浦东，房地产被控制，雄安房地产更像一匹黑马，但从政策上看，没有变白的时候。

这些城市才是年轻人的天堂

房地产大“分化”的时代，各城市群被包裹在一团团的星云中，有些已经显形，有些还在孕育。能够总结2016年房地产市场的只有一个词——分化。

城市分化，哪些二线城市有前景？

核心城市与热门城市已经形成，一线城市加上东部沿海的杭州、南京等城市的地位无法撼动。而一线城市的资源已经开始渗透到周边的卫星城市，同城效应开始显现，如环京的燕郊、环沪的昆山等城市。

有些“北漂”“沪漂”没办法在当地定居，提前在当地城市群的二线城市和一线城市的卫星城布局。2016年，房价同比增长最快的是廊坊，同比上涨102%，排名第二的合肥同比上涨76%。“北漂”买房，首选廊坊。虽然环京2017年遇冷，但这不是市场的正常状态。

一些城市出现买房难，房价工资比可以大致反映各城市房地产的受追捧程度。

像北京，按照现行的平均工资，购房者大概不吃不喝7.3个月才能买一平方米的房，不出意外亚军是上海，要6.9个月。第三位出人意料，厦门需要6.6个月。成都、无锡、长沙人民比较幸福，都在两个月以下。根据这样的直观数字，可以判断你是不是生活在比较幸福、购房压力不那么大的城市。

分化不仅在一二线城市之间，二三线城市之间的房价分化也开始扩大，高铁时代与转型时代，正是城市之间剧烈竞争的时代。

根据房价，各城市分成五个梯队：第一梯队京沪深三市，均价每平方米超过 4 万元；第二梯队厦门、南京、广州、天津，每平方米超过 2 万元；第三梯队杭州、福州、青岛、武汉、苏州等，每平方米超过 1 万元；第四梯队是大连、成都、无锡、兰州以及佛山等市，每平方米超过 6 千元；第五梯队是威海、吉林、常德、荆州、潍坊等，每平方米低于 6 千元。

一线城市土地资源匮乏，某些二线城市已成为城市群中的核心城市，杭州等城市房地产的安全边际比较高，在两三年的稳定期后，房价还有最后一段上涨空间。

现在处于相同的房价梯队，并不意味着城市的发展前景相同，由于身处不同的城市圈，同样的梯队里还会继续分化。

二手房与租金价格，同样可以看出城市的大分化格局。

从安居客所提供的二手房交易价格看，三线城市同比上涨 13%，一线城市同比上涨 29%，二线城市同比上涨 28%；二线城市格外扎眼，快赶上一线城市的步伐。考虑到 43.2% 以上的人青睐 2 年以上 5 年以下的二手房，所以，二手房与房租一样能够说明城市与房地产市场的热度。细看市场涨幅，就不难发现地铁房的抢手程度已直逼学区房，这一点在一二线城市表现得尤为明显。

上海租金数据力压北京，两居室月租金均价 5122 元，成为中国租金最高的城市。北京同类型房屋租金为 4652 元，天津是 2222 元。

说到这里，不免又要谈到租房还是买房的问题了，买房固然安定，可以满足丈母娘的要求，但有人经济能力达不到。有能力的情况下，租房或买房纯属生活方式的选择，在核心城市已有一定事业根基，同时当地房地产安全边际较高，选择有轨道交通、生活服务配套设施好的地方购买刚需房，是一个性价比较高的选择。

购房者分化

同样在大城市生活，不同的收入阶层生活压力截然不同。

购房者正在分化成不同的群体，不同群体之间的距离，就像地球与火星、男人与女人之间一样遥远。

首先，有户口的本地居民是生活压力最小的一个群体，如果一个上海本地居民从父母那儿获得一套 60 平方米的房子，如今已价值 312.8 万元。

并列第二的群体是有房无户口、无房有户口的人，前者已经享受到房地产溢价，后者起码有本地公租房甚至拆迁补偿可以享受。

第三等级是无房无户口的人，要买都不行，很多热门城市限购。

最“悲催”的是无房无户口无钱的“三无”群体，先表示一下同情。从社会保障的角度说，要解决无房问题，首先要解决的是这些人。

在经济基本相近的城市群各城市之间，有必要率先取消户籍隔离制度，苏州、杭州、南京之间没必要存在户籍门槛，这样才能打通区域教育、医疗等资源，使城市群互融互通。

房地产购买群体中，女人是极少数的一小撮。女人一直被称为是“剁手党”，而在房地产市场，男人才是真正的“剁手党”，家庭里面，买房男性做主的占 80%。怪不得人们总是说“丈母娘经济”，没有房就过不了丈母娘这一关，就没有娘子。

从房地产市场看，中国还是传统社会，类似于房地产等大额支出基本由男性支付。从近几年开始，陆续轮到 90 后的“小鲜肉”买房，他们看房的比例大幅上升；但从购房动机来看，他们买房不仅仅是为了结婚，更多的是想在异乡谋求一份归属感。

政策分化

各城市房价冷热如此不均，房地产政策千城千策，有的限购限贷，有的鼓励购房去库存。

越是有限制的地方，就说明想进入的人口越多，城市就越具竞争力。

一些大城市有竞争力也大力去库存，如重庆、昆明等，主要是“历史遗留问题”，库存量太大了。重庆通过减少土地供应、控制新开工面积、引导农民工及外来人口购房等方式加大力度去库存。沈阳这两年则针对东北的经济形势，出台非常宽松的政策去库存，对大学生买房出台了一系列补贴政策。

“供需”是房产市场的永恒话题，正因为需求大于供应，一二线城市才被认为是最保险的房产投资城市，而这也是房市“大分化”的一条导火索。

2018 年政策将继续分化，也意味着城市的分化还将持续，这是经济转型期的特点，不以人的意志为转移。

对于年轻人来说，最好的地方是有政策鼓励、处于核心城市圈、市场经济起飞、鼓励创新创业的城市。

这些城市才是你们的天堂。

第五章　土地税收是最本质的改革

天大的事！土改盘活 200 万亿元资产

2015 年 1 月，中共中央办公厅和国务院办公厅联合印发了《关于农村土地征收、集体经营性建设用地入市、宅基地制度改革试点工作的意见》，这标志着，我国农村土地制度改革即将进入试点阶段。这次改革有三大目标：农民城镇化、扩张工业用地以及在保护耕地的前提下土地资产化。土改一直是中国经济最重要的抓手，现在仍然如此。以前的土改是打土豪分田地，这一轮土改则是从本质上解决城乡二元化结构，消灭农村户口这种歧视性的制度。土改成功，中国就能从农业社会彻底转向工业社会和商业社会。

中国正在做一件天大的事，中国经济转型能否成功，在此一举。

天大地大，土地最大。从 2016 年开始，中国最大的改革是农村土地制度改革。

2017 年 11 月，第十二届全国人民代表大会常委会第三十次会议通过决定，牵涉土地改革的 33 个市县的试点期限延长一年。

这一次土改的目标之一是农村部分土地可以资产化，农民通过手中的土地盘活资产，获得红利。

盘活农村集体用地，相当于盘活 200 万亿元资产

这次改革从 2015 年开始，至 2016 年全面铺开。

2015年12月27日，第十二届全国人民代表大会常务委员会第十八次会议通过《全国人大常委会关于授权国务院在北京市大兴区等232个试点县（市、区）、天津市蓟县等59个试点县（市、区）行政区域分别暂时调整实施有关法律规定的决定》。这份长规定总结起来一句话——农村土地制度改革打响第一枪，调整物权法、担保法等法律关于“集体所有的宅基地使用权不得抵押”的规定，在2017年12月31日前试行，为土地改革试点开路。

眼看到2017年年底，调整时限已到，2017年11月4日，第十二届全国人民代表大会常委会第三十次会议，通过了试点期限延长一年的决定。

中国土地规模将有一场“大释放”。

截至2017年9月，全国有577宗集体经营性建设用地入市，总面积1.03万亩，总价款约83亿元，每亩地大概在81万元左右。目前，全国农村集体建设用地约为2.5亿亩，如果全部以每亩80万元的价格入市，大概能够盘活200万亿元的资产。

如果每年盘活200亿元，大约可以延续1万年的时间；每年盘活1万亿元，可以延续200年的时间。

没有土地不够用这回事

工业用地不够？盘活。农业不够集约化？盘活。用这样的办法，工业服务业进入农村。

2017年12月8日，《三湘都市报》报道，湖南省唯一一个国家级土地制度改革试点区浏阳，推出了一种全新的制度——“建设权证”。

这有点像此前重庆的“地票”。把农村散乱、低效、闲置的宅基地和工矿用地重新利用起来，只要将其中一亩复垦为耕地，所在集体经济组织就能获得一亩地的“建设权证指标”。

浏阳永安镇西湖潭村，一个300余亩的家具产业园项目破土动工，就是因为当地几个村复垦得到了“建设权证指标”。浏阳沙市镇、镇头镇等地的几个村组，通过复垦得到了354亩这类指标。这样一来，就不存在工业用地不足的问题了。

土地权证比结婚证书更重要，是农民最后的宝贝

估计到2018年，土地确权结束，农民可以自愿有偿转让土地，主动进城。

2016年10月10日，国土资源部、国家发改委、公安部、人社部、住建部联合召开《关于建立城镇建设用地增加规模同吸纳农业转移人口落户数量挂钩机制的实施意见》新闻发布会，明确了2018年基本建立人地挂钩机制的目标。

同年，《国务院关于实施支持农业转移人口市民化若干财政政策的通知》发布，明确说明了地方政府不得强行要求进城落户农民转让在农村的土地承包权、宅基地使用权、集体收益分配权，或将其作为进城落户条件。

农民可以转让土地，其前提是自愿。

我劝农民别转让。没有技能，在城市无法落脚的农民，土地是你们最后、最重要的资产，是守护家园的最后一道防线，是你们最后也是最值钱的资产。

现在，农民手里的地已经资产化，使用权可以抵押贷款。工业化让土地增值，农民通过土地入股，分享股权红利。

还是在浏阳西湖潭村，目前每亩地每年租金顶多800元，通过集体土地入市，一亩地每年分红8000元，30%归村集体合作社，70%归村民，一

亩地一年分到村民头上 5600 元。浏阳市农村宅基地制度改革全面铺开，到 2017 年年底，共完成宅基地确权 28.75 万宗，确权率达 84.22%；办理农房抵押贷款 33.38 亿元，使 1.68 万户农户受惠。

浙江德清县洛舍镇，是全国钢琴生产基地，钢琴产量占全国的 1/8。镇上的东衡村通过集体经营性建设用地入市，建设产业园区。14 家钢琴企业成为受让方，平均每亩价格高达 21 万元。村里成立了土地股份合作社，全村 3000 人全部是股东，每股增厚了 60 倍。

农业专家韩俊说，“让农民像重视结婚证一样重视自己的土地权利证书”。这话应该更进一步：土地权证比结婚证更重要。

没有技能的农民，靠着土地让后代受教育，是他们摆脱贫困循环的唯一指望。

小产权房转正？做梦！

如果小产权房入市，会从土地价格上彻底打破目前的房地产体系，房地产市场必然崩盘。

小产权房入市，鼓励了投机取巧的人，服从规则买大产权房的人信心遭受重挫，以后谁还遵守游戏规则？小产权房转正，将来农村的土地更是一团乱麻。而共有产权房不是小产权房，有人在故意混淆视听。

这次土改三大目标：农业集约化，农民城镇化；工业用地扩张；在保护耕地的前提下土地资产化。从本质上看就是为了城镇化，解决城乡二元结构，从根本上消灭农村户口这一歧视性的制度。

土改跟所有的中国人有密切关系。土改成功，中国从农业社会彻底转向商业社会；土改不成功，便成仁。

70 年土地使用权续期不收费，为剧变做准备

2016 年，温州一些只有 20 年土地使用权的住宅用地付费续期，引起一片讨伐声。国土资源部明确表示，对于少数住宅用地使用权到期的问题，实行“两不一正常”，就是产权人不需要提出续期申请、不收取费用、正常办理交易和登记手续。接下来，全国免费延期，2017 年 3 月 15 日，李克强总理说：有恒产者有恒心。国务院已经要求有关部门做了回应，就是可以续期，不需申请，没有前置条件，也不影响交易。国务院已经责成相关部门就不动产保护相关法律抓紧研究提出议案。

房地产市场正在为剧变做准备

温州续期不收费，是尊重物权法的象征，可能藏了一些重要的潜台词。土地改革是经济根本，中国历史上每次土地改革，都与实体经济的好坏、资产价格的高低、财富的分配等息息相关。

温州的土地续期不收费用，在我看来是个明确的信号，可能与以下原因相关。

衔接土地改革

要改变土地国有性质相当困难，但农村、户籍等改革，都离不开土地改革。

农村土地改革已现雏形，无论是农村还是城市，使用权流转是大势所趋。如果到现在还看不清楚，就得怪自己眼神不好使。

2013 年，农村土地集体所有权、农户承包经营权确权颁证全面启动，2018 年全部完成。2014 年 9 月，中央深改组第五次会议为农村土地制度改革定下基调，坚持农村土地集体所有前提下的三权分置；2016 年的中央经济工作会议，提出要进行农业供给侧改革，两权分离变为三权分置，即所有权归集体、承包权归农户、经营权给土地经营人并且可以流转。

以后没有农村户口，没有天生低城市人一等的农民，只有自愿成为农场主的人，每个人都可以按自己的兴趣决定是否从事农业。农村承包地使用权的转移必定伴随着农场的出现，否则，偏僻农村如非洲、京沪如欧洲的情况就不会发生本质性改变；中国农产品的品质也不能保证，试问农村一家一户打农药，监管成本有多高？

所有权不变，但使用权一定得合法流转。既然农村土地使用权可以流转，那么城市房地产应该怎么办？在房产证上的使用期到期之后交赎金？这当然是个愚蠢的方法。

续期不收费与未来的房产税收、土地财政密切相关

如果温州 20 年到期的产权房到期续费，地方政府将继续土地财政的路径。现在出售生地、熟地，到时候是收土地到期的企业和个人的续期费，地方政府什么也不用做，七八辈子就成一个大地主，吃喝不愁。

如此一来，中国经济形态不会变，以身份为劳动力定位的状况也不会变。不靠能力而是依身份为劳动力定位，是典型的歧视。

相信国土资源部对温州情况的表态是经过严密思考的。我们假设，最多十年左右，中国小康社会基本建成，再过二十年，城镇化目标差不多完

成，房地产高潮即将退却。

地方财政从哪儿来是一个非常紧迫的问题，营改增也好，消费税也好，还没有成为地方财政的支撑。内地如此庞大的经济体量，却学习香港地区卖地维生，不是可以持续的选项，迫在眉睫的一个问题是地方财税改革。

如果这次温州土地使用权续费成功，并在全国推广，那么未来征收房产税的基础将被撼动。幸好，不收费续期，逼得地方政府当不了大地主。

国土资源部对温州土地续费的表态，可以看作土地改革的延续。我们要清醒地认识到，现在对土地的依赖是迫不得已，只要以下条件成熟，房产税就将出台：房地产的数据与征收的技术支撑，实体经济转型初见成效，金融信用不再主要依赖房地产。

当然，出台房产税并不意味着房产税能够左右房价，具体情况可参照已有房产税的美国，以及已经出台房产税的国内试点城市上海和重庆。

土地投资三大新方向

2017年新年楼市清冷。中原地产研究中心统计数据显示，1月份全国主要的30大城市新建住宅签约13.3万套，1418万平方米，同比下降27.3%，环比下降37%。

2017年新年楼市冷清，房地产崩溃论再起，崩溃并不可能。中国房地产市场不是崩溃，而是分化，房地产市场总体稳定。由于土地出让减少，库存量下降，核心城市依然是安全垫最厚的地方。

中国土地投资出现三大新的方向，解读两个重要政策，外加分析中国城市圈经济，可以得出明确的结论。

想当农场主，机会来了

2017年2月5日，一号文件《中共中央、国务院关于深入推进农业供给侧结构性改革加快培育农业农村发展新动能的若干意见》出台，1万多字的文件概括成一句话，就是农业供给侧改革。农产品不能重量不重质，像养猪一样养人的时代过去了，不仅要吃得饱，更要吃得好。

2017年初，国务院印发了《全国国土规划纲要（2016—2030年）》（以下称《纲要》），这是我国首份国土空间开发与保护的战略性、综合性、基础性规划，提出闲置宅基地利用和允许村庄整理节约的土地，用于乡村休闲、旅游等新产新业态。土地使用权流转隐约可见。

农业有“三区”“三园”，包括粮食生产功能区、重要农产品生产保护区、特色农产品优势区，现代农业产业园、科技园、创业园。

改革农村土地产权制度，才能让金融、财税、人才等向农村倾斜。要促进农业产业化、人才进农业，土地使用权流转是必要的前提。

否则，这里刚建了一个农业产业园，明天就重新分地，农民因为租金提高打官司要回土地，那谁还敢去农村？现代农业会被小农经济打得落花流水。

三大城市群依然是投资最安全的地方

三大城市群的地位不可撼动，从自然资源、人才、经济基础、国际竞争力等方面来看，三大城市群始终是中国重镇。投资最安全的地方是三大城市群，现在不会变，未来一百年也不会变。

《纲要》提出，要将京津冀、长江三角洲、珠江三角洲等地区建设成为具有世界影响力的城市群。中国可以与欧美日等发达国家竞争的城市群，在可见的将来就只有这三大城市群。其他的城市群，目前的目标还是追赶这三大城市群。

除了三大城市群之外，稍微安全一点的地方就是新中部、西部地区城市群中的核心城市——成都、重庆主城区。

不准城镇面积疯狂扩张

有两件事值得关注，土地使用会节约再节约，不然就谈不上山清水秀、土地保护。《纲要》提出，到 2030 年，国土开发强度不超过 4.62%，城镇空间控制在 11.67 万平方千米以内；土地使用“以盘活存量用地为主，严格控制新增建设用地，统筹地上地下空间，引导中心城市人口向周边区域有序转移”。

城镇空间控制很严格，以 11.67 万平方千米计，除以 228 个地级以上城市，其他小城镇不计在内，每个城市只有 511 平方千米左右。所以未来的城镇空间是以土地改造升级为主，不会进行大规模的新区开发。

城市像北京似的“摊大饼”，一环一环往外推是难上加难，大城市与卫星城形成大都市圈，各个城市之间形成城市星系，各有各的道儿。

大城市城区人口控制的政策不会变，再嚷嚷也没有用

2017 年 1 月 5 日，在“京津冀协同发展调研行”座谈会上，时任北京市市长蔡奇称，推进京津冀协同发展为北京疏解非首都功能提供契机，应从服从重大国家战略和实现首都城市可持续发展的高度把握，争取到 2020 年将北京市常住人口控制在 2300 万以内。上海提出 2020 年人口不超过 2500 万人的控制目标，广州提出适度控制人口规模。这些城市最多再纳入几十万人口就到顶了，只有所谓的“高峰人才”才能进入京沪。

大城市只要自己需要的人，但资源聚集在大城市。想要实现人生“小目标”的人，得依附于大都市圈；被迫离开主城区的就业者，最好待在周边的卫星城里。

从 2014 年房价上涨开始，卫星城的价格就让人刮目相看，如果不是人为控制，廊坊、嘉兴这些卫星城的房价会更让人看不懂。

2020年推出房地产税？比预想中还要早

中国的“千古难题”是房地产税什么时候出台。2018年3月5日，第十三届全国人民代表大会一次会议副秘书长、发言人张业遂表示：房地产税立法由全国人大常委会预算工作委员会和财政部牵头组织起草，目前正在加快进行起草完善法律草案、重要问题的论证、内部征求意见等方面的工作，争取早日完成提请常委会初次审议的准备工作。可同一天，全国政协委员、财政部原部长、全国社保基金理事会理事长楼继伟说了，“今年房地产税法草案应该能完成‘一读’”，说明内部分歧大致解决。这是真的吗？

房地产税推进速度比想象中快？

2017年11月，《党的十九大报告辅导读本》收录的财政部部长肖捷文章《加快建立现代财政制度》中，首次出现“力争在2019年完成全部立法程序，2020年完成‘落实税收法定原则’的改革任务”。

房地产税立法涉及对房地产现有税费的清理、归并以及整个税制的调整，在降低交易环节税收的同时，增加持有环节的税收。而根据2020年要完成税收法定原则的任务，房地产税立法将在2020年前完成。

很多人认为，房地产税不可能这么快出台，理由非常充分。

首先，从时间上讲，房地产税通过全国人大常委会一审二审三审，最少也要四年的时间，实际上2003年政府就提出了房地产税，但十几年过去了并没有实质性的进展。并且房地产税所涉及的利益非常复杂，立法难度很大。

其次，征收房地产税需要对全国房产进行全国联网和登记，并且房价评估难度极大。有关部门并没有透露基础工作的实质性进展。

最后，就是考虑到政策对房价的影响，房地产市场在去杠杆的高压下较为“脆弱”，房地产税很容易成为压倒骆驼的最后一根稻草。作为我国经济的重要支柱，房地产市场出任何问题都是“牵一发而动全身”，无论对金融还是实体将可能构成致命打击。

乍一看，以上这些问题确实棘手，但不能成为房地产税迟迟不能推出的理由。

关键看政策的执行力度。比如说 1998 年房改创造了“中国奇迹”，当时也面临着重重阻力，但结果是：全国住宅当年开工面积从 1996 年、1997 年的 1 亿平方米多一点，到 1998 年就跃居 1.6 亿平方米，2000 年突破 2 亿平方米，达到创纪录的 2.3 亿平方米。

房改进展神速，何况区区“确定征收的”的房地产税！当前变革速度前所未有，2017 年无论是供给侧改革、去杠杆还是房地产政策，都取得了前所未有的成效，分析问题时最重要的是决策层面的执行力，然后是市场的承受力。

根据财政部部长肖捷此前提出的房地产税立法和实施原则，即“立法先行、充分授权、分步推进”，可以预计，房地产税立法之后中央层面会明确一个总体框架。

包括税收征收范围、豁免的基本条件、税率的标准范围等，具体的细节可能会授权各省政府进行明确，每个城市征收标准会有差异，不会完全照搬国外市场制度，相信对市场的影响会是一个温和渐进式的过程。

房地产税是地方财政最重要来源

雄安新区不准炒地、炒房，是一种纠偏。从香港糟糕之极的卖地、寡头模式，转变到新加坡的组屋模式，未来地方政府的财政收入会有历史性转折，现在到了重新分析地方政府财政收入来源的时候了。

雄安新区是块试验田，其中最重要的尝试，是探索当地方政府不再从土地资产换得最大宗收入之后，该怎么建成一个现代化的经济区。

这真是一个大难题，一个跟房地产联系如此密切的经济体，一个以房地产作为主要抵押物的金融体系，甚至地方公务员发工资在一定程度上都得仰赖于土地的财政体系，现在下决心要跟房地产脱钩了，决心毋庸置疑。房地产不是说剔除就能剔除的，以前因为利益关系边恨边爱。现在呢？下了决心要摆脱。

先说说地方政府的财税情况。

把中国比作一家大公司，打开损益表，中国这家“公司”的营收保持持续增长的良好状态。即使是经济转型、降税减费的2016年，根据第十二届全国人民代表大会常委会财政经济委员会关于2016年中央和地方预算执行情况与2017年中央和地方预算草案的审查结果报告，2016年全国一般公共预算收入159552亿元，完成预算的101.5%，比2015年决算数增长4.5%。当年收支总量相抵，赤字21800亿元。这个数据跟中国的宏观经济数据一样漂亮。

但地方政府有大问题，负债率高、利率负担重。2015年财政部被迫推出了地方政府债务置换项目，通过发行市政债券对15.4万亿元人民币的非债券债务进行再融资。

就这样，还是没有解决地方政府的造血功能。

2017年4月，彭博数据显示，地方融资平台的债务规模总计达5.5万亿元人民币（7970 亿美元），其中 8880 亿元将于当年到期，第一季度地方政府国内融资规模只有 1740 亿元，海外融资规模为 12 亿美元，远低于 2016 年第四季度的 53 亿美元。

主营业务（税与非税收入）增加，但非主营业务（土地出让金）增长得更快，大部分收入并非来自主营业务收入涵盖的三大产业中，而是非主营业务收入——土地出让金。

从 1999 年到 2015 年这 17 年，是中国历史上土地资产化最为迅猛的年代，全国土地出让收入总额约 27.29 万亿元。2016 年全国土地出让收入超过 3.7 万亿元，仅次于 2013 年和 2014 年，处于历史第三高位。从 1999 年到 2016 年，全国土地出让收入总额已经突破 31 万亿元，18 年年均土地出让收入 1.7 万亿元。

地方政府只要大声叫喊，让“央妈”发货币，一手垄断住土地供应、抬高土地价格，日子就很好过。

目前土地收入的确认方式过于激进，一次性确认所有土地收入，违反了收入确认的稳健原则。土地非常奇怪，没有所有权，所以只能算是租赁，不管是融资租赁，还是经营性租赁，一次性确认收入，道理上都说不过去。

按照会计准则的收入确认原则，属于本会计期的收入才应该予以确认，土地使用权有 40 年、50 年、70 年之分，如果土地是 40 年使用权出入，每年应当确认的收入就是土地出入收入的 1/40，70 年土地使用权的则只能每年确认 1/70。

与普通租赁不同，现在一次性出让土地后，使用期满后，不会缴纳第二次，地方政府不可能有第二笔租赁收入。

地方政府千万别指望 40 年、50 年、70 年期满再收一遍土地租金，除非不要命，这就不是确认 1/70 的问题了。一次性得到土地出让金后，估计以后只能靠房产税和遗产税了。

即将到来的房地产税影响如何？

房地产税对调节（资产）收入分配和财富差距、培育地方主体税源、抑制房价上涨等有积极作用。

以下这些人会受较大的影响：

一是在一二线城市有大量住宅的人。近几年随着房价的上涨，房地产已经成了很多人主要的投资方向，房地产税的推出将为这些人带来沉重的负担，他们的财富将显著缩水。

二是加杠杆买多套房的白领。到时候房子难以套现，并且有下跌风险，这部分人现金流压力非常大，房地产将变成“不能承受之痛”。

三是三四线城市的炒房族。由于地理位置差房价难涨而租房回报率又低，房产税的开征直接加大了持有成本，不舍得割肉选择长时间持有，将是一笔沉重的负担。

房地产市场有三种呈现方式

第一，在货币宽松阶段，房地产的投资收益远超房地产税的时候，房地产作为金融避险工具，会作为重要的投资工具受到追捧，参照 1997 年到 2008 年之前的美国房地产。

第二，经济大幅增长、通胀稳定的时期，房地产价格稳步增长。美国房地产在 1940 年后一直处于上升阶段，这主要归功于战争后经济发展、人口上升、城市化以及科技革命的成功。在 20 世纪 70 年代 80 年代有两个小波动，下跌不到 10%；但从 1997 年后，政府过度保障加上疯狂的房地产金融衍生品，2008 年美国房地产市场崩溃酿成全球金融危机。房地产疯狂上涨与下跌一定是金融现象。

第三，房产税推出后，有一个重要的指标——租金回报率将受到重视，该房产能不能买，取决于租金回报率是否能够超过同期限无风险收益率。看看现在已经收税的商业地产的购买、运作方式吧，以后住宅房产将与之类似。

房地产数据是怎么造假的

从2017年年中开始，常看到房价要崩溃的宣言。这跟我实地看到的情况截然相反，无论是苏南、苏北、山东淄博还是广东、合肥，都出现了抢购潮。所有不说样本筛选方式、样本数量、计算方式的房地产数据，都是“耍流氓”。有些与常识明显不符的数据，可以看出房地产数据是怎么造假的。

抢房潮蔓延到三四线城市

以镇江为例，2017年6月1日，经过6个小时的拉锯战，镇江4宗地块让政府揽金62.35亿元。群雄逐鹿的润州区两地块（R1702和R1703），经过130余轮的竞拍，央企中海地产以25.2亿元的成交总价一举拿下R1703地块，楼面价9450元/㎡，溢价率110%，刷新镇江拍地以来的最高楼面价纪录。

合肥、苏州、扬州、武汉、北京、广东等地都出现抢地潮。2017年前五个月，全国土地出让最多的50大城市合计土地出让收入达到10103亿元，同比2016年前5月上涨33%。碧桂园、保利、恒大、中海、首开这些攻城略地的企业不是白痴，他们抢地，有自己的逻辑。

2015年和2016年，土地供应连续两年负增长。目前一线城市库存平均只有6个月左右，远低于12个月的安全库存标准。上海摇号、南京摇号，你说摇号的地方房价下跌？这不仅颠覆了金融学常识，还震碎了我的三观。

北京通州、亦庄房价下跌 20%是怎么回事？

伟业我爱我家市场研究院数据显示，2017 年 5 月北京二手房成交均价环比下滑 2.4%，通州区、亦庄开发区跌幅最大。

市场哗然，伟业我爱我家集团副总裁胡景晖接受《证券时报》记者采访时表示，由于市场本身交易量少，而有的业主急于成交，导致个别二手房降价明显。

假设本来大家都在观望，成交量接近于零，某个小区突然有两个业主急于套现，挂牌价下跌 20%也愿意出手；表面上看整个区域的二手房市场整体下跌了 20%，其实不过是几套房的事。

根据北京住建委官网数据，2017 年 5 月北京二手住宅环比下滑近四成，创下 2015 年 2 月以来的最低值。

恰好此时，有个两限房楼盘经过五年锁盘期可以上市了，有些房主就像饿虎一样，急于套现上市。《证券时报》的采访显示，通州龙湖大方居近期成交的二手房中，确实有较最高点下跌 20% 的户型。果园附近的房产中介人员告诉记者，龙湖大方居属于两限房，目前刚满 5 年。部分户主急于出手一般有两个原因：一是前期已经订下改善型目标房，但没想到 3 月突然出台更严的限购政策，导致房价下跌，只要降幅不超过改善房的违约金，业主还是可以接受的；二是位置、户型不好的业主急于变现。

要让房价上涨很容易，通州通胡大街一家知名房产中介公司的工作人员告诉记者，近期挂牌价格大部分会比 3 月高点时调低约 10%，最后的成交价仍可再商量，不过下跌 20% 肯定不是普遍现象。此外，该公司已经明确要求，不符合单价的房源挂不了牌、进不了系统。卖得太低了，吃相太难看，根本不让进系统，于是乎，房价又稳定了。

一线城市租金下跌，主要与产业结构调整相关，不同区域租金截然不同。

据苏宁金融研究院宏观经济研究中心监测，2017 年 3 月北京、上海、深圳三大一线城市租金回报率分别为 1.56%、1.43% 和 1.53%，均创下历史新低。上海房屋租赁指数办公室指出，2017 年第一季度上海新增就业岗位数量同比减少 5%，其中外省市人口初次来沪就业者减少，使得新增租赁需求不旺。2016 年上海常住人口只增加了 4 万人。

一线城市当房东“食红利”的人增加，而常住人口增速下调，出现短期租金下调。必须强调，一线城市常住人口下降是有意调控的结果。不信，放开户口试试?

控制房价增速，改变样本就行

之前跟几个金融界的朋友在一起说起统计房价的猫腻，那真是层出不穷。

比如，控制网签价格。比如，统计普通商品房时，把精装房和别墅排除在外，把保障房统计在内，当地的房价立马掉头向下。再比如，开发商给予中介较大的定价权，你会发现房价几天一变。

真实房价是个机密。我曾经想跟个大房产服务机构合作，最后没成功，原因是对方担心地方政府不开心：“那我还做不做生意了？”

《大伟看楼市》说，二手房不用说，基本全部存在阴阳合同的问题，新建住宅也存在部分地方政府为了完成调控目标，可能会采取延缓、限制高价房签约的办法。网签数据现在都是限签的，不能代表市场的真实价格。

国内数据质量存在严重问题，房地产业尤其如此。想得到真实数据也很好办，把自己的房子挂牌几个星期，看有多少人问询，或者以买房者的身份看看房，看有多少人在过户之前涨价涨个不停，把你当成唐僧肉。

不要把看到的数据太当真，那就是个工具。如果真把它当作稳定经济的工具，会更可怕，那我们看到真实数据的可能性将会进一步下降。

房地产冷热，要看二手房价和房租

2017年没买到房子的，是不是想2018年趁着房价跌的时候“剁手”，来个众人恐慌我抄底？这是不可能的。就算房价跌了，普通人也抄不到底。因为，好的地段、便宜的楼盘，你根本买不到。论辛苦你比不过大冬天里支着帐篷排队的，论有钱你比不过一掷千金不用贷款的。捂着口袋观望的人多了，想买也买不了的限购一族多了，房价太低不愿意出售的开发商多了。

上海三分之一常住人口住房得到保障

2018年，房价平稳，房租上涨。房地产市场，太健康了。

我认为，现在的房价被控制，只要政府想控制，那就能控制。

一二线地产最重要的事，是租赁市场打破既有房价格局。政府人为设定了一个廉价的租赁土地出让价格，让开发商目瞪口呆，心跳过速。

上海先知先觉。

2017年7月4日晚，上海市国土局有石破天惊之举。张江和嘉定两块租赁土地出让，张江楼面价为每平方米5569元，嘉定为每平方米5950元。上海土地市场价格一夜回到十年前。

获得这两块地，附加其他苛刻条件：竞得人100%自持70年，项目建成后将至少提供1897套租赁住房房源，可建筑面积为20.13万平方米，除去公摊面积，平均每套房面积大概在80平方米到90平方米左右。

这个价格把当地的地价、房价砸到“十八层地狱”。

房租不高于市场同类房源租金水平，可根据市场租金水平情况适时调整；嘉定项目租约原则上不超过 3 年、张江项目不超过 6 年。

以张江 2017 年的租金计，建成后每套房租金大约在每月 3000 元。就算原材料成本上升，加上精装修，每平方米价格上升到 11000 元，80 平方米的房子成本为 88 万元，以每年 3.6 万元的租金计算，不计算其他成本费用，租金回报率为 4.1% 左右，加上管理费、利息等，大约在 3%。

这也是目前一线城市最高的租金回报率，这样的租金回报加上三年到六年的固定租约，做个金融产品让开发商过上安稳日子绰绰有余。

这还不算完，上海房价受到连续重拳打击。2017 年 7 月 7 日，上海市政府发布《上海市住房发展“十三五”规划》，“十三五”时期新增住房供应总套数比“十二五”期间增加 60% 左右，约 170 万套。其中，商品住房约 45 万套，以中小套型普通商品住房为主；租赁住房约 70 万套；各类保障性住房约 55 万套。此外，以市场为主，新增代理经租房源 30 万套（间）左右。

以目前百万套市场租赁存量，加上“十三五”期间的 70 万套租赁增量，170 万套基本可以解决 500 万人左右的住房问题。加上其他保障型住房，上海三分之一的常住人口住房问题就此解决。

有朋友介绍，现在上海各区政府还在改造以往的厂房等，将其改造为保障型住宅。房地产市场向政府主导的方向飞奔，那就会做实泡沫，房价稳，房租涨。

只要户口、教育不跟买房绑定，实现租售同权，租赁市场那简直是一跃千里。

租金上涨房价稳，这个冬天“洗洗更健康”

2017年的冬天让人印象深刻，有人拖着行李离开京沪；京沪核心城区，人口不会再涨了。2015年上海外来常住人口就在下降，到2035年人口控制在2500万，每年人口只增加4万人。很多本地人生二胎，外地人走了，给本地人把生二胎的地方给腾出来了。

全国热门城市跟进上海。2017年7月初，12个城市住房租赁试点，全国超50个城市出台了支持住房租赁的政策。

根据58集团房产数据研究院统计数据，截至2017年12月15日，全国10城涉及住宅的自持用地（含部分自持）达149宗，自持体量约514万平方米。其中，杭州51宗，上海和天津分别有29宗，北京有27宗。

根据北京2017—2021年及2017年度住宅用地供应计划，今后五年租赁住房计划供地1300公顷，占整个土地供应计划的21.7%，可建设约50万套租赁住房。

从2017年8月起，深圳以招拍挂方式出让的商品住房用地，必须以不低于规划面积20%的比例配建自持租赁住房。

12月27日，南京出让首块租赁用地。

租赁房多了，会不会压低房价？这是不可能的。因为棚户区改造创造了非常多的购房者。

根据住房城乡建设部的信息：2017年，全国各类棚户区改造开工609万套，完成投资1.84万亿元；预计2018年完成600万套左右，从2018年到2020年，共计完成1500万套。这就牵涉到起码4500万人。

生活成本上升，租金上涨。看看现在一碗面条多少钱？国内的品牌服装一套多少钱？看病多少钱？房租肯定上涨。

根据58同城租房数据：2017年全国年度人均月租金价格同比上涨

16.7%；北京人均月租金为2795元，同比上涨14%。杭州成为人均月租金最高的新一线城市，达到1550元，同比上涨了6%；其他诸如重庆、郑州、长沙、青岛等城市，人均月租金同比涨幅在5%到10%之间。

从2012年到2016年，一线城市和新一线城市的租金涨幅基本在每年8%至15%之间。

租金便宜、功能又好的租赁房，是给人才准备的；普通人，就接受市场租金吧。

每年房租跟着货币上涨，即使只有5%，房价保持不动，再过十年左右，租金回报率就会回归正常。

就这样，房地产市场恢复健康了。

第六章　中国股市：不缺大牛市，缺的是底线

从“关灯吃面”到“滴蜡复盘”：请不要再误解价值投资

投资，首先要理解市场。中国资本市场是个有毒复杂的生态系统。你从什么角度看它，它就以什么样的形式回馈你。这三年的中国股市注定要被载入史册：2015年、2016年股灾和救市，2017年慢牛和“闪崩”……

2017年A股市场似乎在重复以前的故事——炒作题材，大题材有“供给侧改革”和“雄安新区”，小题材有“人工智能”和“芯片”。

2015年供给侧改革就提出来了，但是直到2017年市场才做出反应，再加上环保限产政策，以煤炭、钢铁等为代表的周期性行业产品价格大幅飙升，相关行业上市公司的业绩和股价一雪前耻，八一钢铁、方大特钢等股价接近翻倍。

供给侧改革这个大题材给投资者留下足够的时间“上车”，最终上没上车完全看自己的眼光。但是，另外一个大题材横空出世没有给投资者任何反应时间。

股票市场既是赌场，也是价值场

股票资本市场是个赌场，赌博、投机做得好的人，在资本市场也能风生水起，获得很高的收益。股票市场也是价值场，最典型的是巴菲特和他的导师格雷厄姆，研究公司基本面可以获得持续稳健的回报。

彼得·林奇在1977年5月正式掌管富达基金管理公司旗下的麦哲伦基金。13年后，1990年5月，林奇退休了。13年间，彼得·林奇获得了28.9%的复利收益率。彼得·林奇被称为传奇基金经理，可见获得这样的收益率，多么不容易。林奇的投资书成为传世的畅销书籍，就是讲价值投资的。

与彼得·林奇相对应的，是他的好朋友安东尼·波顿。

1979年，29岁的安东尼·波顿加入富达，同年年底开始执掌富达特殊情况基金，以著名的“逆向投资”创造了20%的年复合收益率；到他2007年退休为止，28年间，这只初始资金仅为1000英镑的基金规模暴增了147倍，绩效排名第一。

很可惜，安东尼·波顿从富达退休后来到了香港，投资中国概念上市公司，结果众所周知，一败涂地，不得不黯然出局。

A股为什么毒性这么强，把安东尼·波顿也毒翻了？

因为我们的行为方式或者价值观决定了市场的性质；A股市场的污染肯定是背后的污染源造成的。中国股市与实体经济脱节，股市20多年来的收益跟经济增速关联度较低，不到10%，远远不如发达国家的关联性高，股市在瞎配置资源。

但是从长期市场看看，还是能够反映国家、产业发展的变化，以及公司的成长。

很多公司最后成了高回报的公司，在全球都有非常高的市场占有率，极具竞争优势，这个过程总体来看，还是一个反映基本面的市场。比如格力、茅台等公司。

一个投资者首先要了解自己适合什么样的研究和投资方式，悲观人士适合做空，乐观的人士适合做多。不要跟自己的本性背道而驰。

同样重要的是理解经济运行的一般规律。当市场有剧烈变化，有重大恐慌或其他高度不确定性的事件发生的时候，能对资本市场进行总体判断是非常关键的。

为什么 2008 年发生金融危机时，巴菲特能够大举入市购买金融股？因为他了解利率政策与股价之间的关系。独立而准确的判断会减少你的恐惧感，让你在资本市场转折的关键时刻，有信心做出决策，在垃圾堆里捡到黄金。

在资本市场上，考验基金经理或者投资人的地方，除了获得收益，还要看能不能获得超额的收益，业内称之为“阿尔法”。

有一种理论叫有效市场理论，说市场已经高度有效，我们很难获得超额收益。而从巴菲特等人的例子可以看出，有效市场并没有效。

建立自己的坐标系

投资者总是希望自己能够发现这个市场无效率的部分，怎么做？要建立一个参照系，不断研究、不断操作、不断复盘，准确预测公司业绩。预测公司业绩是个“扫雷”的过程，像天威保变、中弘股份这样的公司，就埋了一长串“连环雷”。

直白地说，选回报率高的行业，找到行业龙头公司，在合适的价格做投资。

所有的投资，估值水平是最重要的，也就是价格，700 块钱买茅台和 200 块钱买茅台，回报率完全不同。再优秀的公司，价格过高也可能会给你比较低的回报率，甚至负回报率，这就是“高位接盘”。

研究过去，研究历史，是为了能够更好地、更准确地去分析和判断企业、行业的未来发展。

价值投资也有陷阱

全民博傻的时代已经结束，不管是真傻还是假傻，投资者都必须时刻牢记价值投资，垃圾股只配垃圾价，小盘股估值会有流动性折价。像新三板，流动性不高，价格就比较低。如果有一天，新三板公司能够转到创业板，股价立马飙升，因为流动性变好了。

没有不痛的变革，A 股市场变革的代价就是个股“闪崩”。

从“关灯吃面”到“滴蜡复盘”，中国股市经历了起起落落；但是其本质正在逐步改变，价值投资时代已经到来。

可怕的是，许多投资者对价值投资理念存在相当大的误解。

价值投资不是看看市盈率、市净率就行了，价值投资的核心是对股票做出“正确”的估值，即估算出股票的内在价值，当股价低于内在价值的时候买入，当股价高于内在价值的时候卖出。

比如，垃圾股公司，股价猛跌，跌到内在价值以下，此时买入仍叫价值投资。再比如，大蓝筹股价暴涨，部分股票已经远远超出其“内在价值”，散户再冲进去就不叫价值投资，叫“价值投机”；公司是好公司，但是股价被高估了。

价值投资跟技术分析、炒题材等有很大区别，不是报个速成班就能搞定的，学个一知半解更可怕。

比如，一只股票，每股净资产价值 1 元，当前股价 0.8 元，此时买入符合价值投资吗？

如果公司立马破产清算，此时买入当然算价值投资，否则，真不好说。

举个例子：2005 年，希尔斯百货有很多商业地产，单商业地产的价值就达到 150 美元/股，而当时公司的股价不到 50 美元。如果投资者买入股票，公司立马破产清算，投资者纯赚 100 美元。

但是，希尔斯百货没有破产清算，业绩越来越差，不断消耗现金流。2005年，公司市值高达120亿美元，但是到了2017年12月27日，市值只剩下4亿美元，八九年跌了96.67%。也就是说，当时投资希尔斯百货，八九年后将几乎全部亏光。

这就是价值投资陷阱。

2017 年股市关键词：国企混改、散户退出

2017 年 1 月 16 日，A 股遭遇黑色星期一，创业板指数连跌 7 个交易日后再暴跌 6%，“千股跌停”恐慌弥漫整个市场，投资者损失惨重。接下来，股指上蹿下跳，下跌多上升少。回顾 2017 年的中国股市，主要有两大看点：一是国企借助股市改革，二是新股发行引发的其他股市措施的改革。

2017 年 1 月 16 日，A 股遭遇黑色星期一，创业板指数连跌 7 个交易日后再暴跌 6%，“千股跌停”恐慌弥漫整个市场，投资者损失惨重。接下来，股指上蹿下跳，下跌多上升少。

亏损的投资者找出气筒，矛头直指证监会，骂新股发行太多，怪证监会不呵护市场。

股市之所以下行，与新股发行有一定关系，但我不会因此去骂证监会。这两年市场的改革大方向正确，市场在跟着宏观经济转，上蹿下跳的猴子主导了市场，如果看不清这一点，就不适合在 A 股市场继续待着。

2017 年中国股市有两大看点。

国企、国企还是国企

A 股开张是为了给国企解困；现在，主要还是为国企服务，为中国创新企业服务。

国企继续借助股市大幅改革，大家有没有看到各个省的两会通报，用证券的办法做强国有企业是要点。2017 年继续去库存，这有利于重化工业、行业内几家独大的国企赢利，这些企业成为最大的受益者。看看神华就知道了。

这次国企改革以混改为主，目标是实现资金混合、国企主导、企业效率上升的“梦想”。

按照国务院国资委 2017 年年初发布的《中央企业投资监督管理办法》（国资委令第 34 号）和《中央企业境外投资监督管理办法》（国资委令第 35 号），国资委实现从管企业为主，转向以管资本为主，国资委四管，“管投向、管程序、管风险、管回报”，国资委下面的国有资本投资运营公司是重要的投资运作平台。

国企内部管理体制会陆续出台，“高管持股”等大概率落地，绿地集团的改革已经成功。

2016 年 8 月，国家层面颁布了《关于国有控股混合所有制企业开展员工持股试点的意见》，明确员工持股总量原则上不高于总股本的 30%，单一员工持股比例不高于 1%。国资委起草了员工持股试点实施细则，经批复同意后将尽快实施。山东、北京等地已经出台细则，2017 年国企员工持股试点将大面积推开。

上行下效，地方国资委依着葫芦学画瓢；围绕国企混改，股价炒作将层出不穷。

新股发行，散户退出

严厉的融资监管、股指期货门槛下降，将让 A 股市场指数围绕 3200 点左右的中枢上下运行，很多散户会因为不堪压力退出市场，或者成为“僵尸户”。

当市场的口水喷向新股发行时，新华社不遗余力力挺，表示“源头没有活水，股市就不可能枝繁叶茂”，如果 IPO 排队过会时间过长，会导致一些“垃圾股”成为“壳资源”。

新华社的发文不会无缘无故，估计股市改革已经有整体方案，而目前的新股发行就是整体方案的一部分。

为了稳定市场，我推测接下来政策重点是抑制再融资，以及抑制套现、跨市场套利等。退市制度不会很快出台，不能因为退市而让市场休克，政策办法是大量新股上市，让“僵尸公司”不值钱，成为“仙股”后自然退出市场。

现在，新股发行进入瓶颈期，主要是因为再融资圈钱太多。

新股发行的特征是量多、融资额少。有机构统计显示，2015 年、2016 年新股发行家数分别为 223 只、227 只，单只新股募集资金保持在 6 亿元至 7 亿元。2017 年以来，单只新股的募集资金平均为 5.5 亿元。

再融资的钱倒是吓死人。引用第一财经的数据，从 2014 年到 2016 年，A 股市场整体募集资金（IPO、再融资合计）分别为 7490 亿元、15215 亿元、18355 亿元，其中 IPO 募集资金分别为 669 亿元、1576 亿元、1476 亿元，再融资占比达到 90% 左右。

提高门槛，降低通过率，拟上市企业主动撤。2018 年 1 月 23 日晚，上会企业几乎集体“被灭”，创下了“7 否 6”的新纪录；1 月 24 日，上会企业通过率“5 过 1”；1 月 26 日，6 家企业上会，通过 1 家。2018 年 1 月，有 23 家企业 IPO 被否决。

2018 年第一个月，IPO 的通过率已降至 36%，否决率则升至 49%，为历史之最。历年来，IPO 的过会率都在 80% 到 90%。

新华社暗示，考虑抑制再融资，其实从数据来看，再融资已经受到部分抑制，一部分定增已经亏损很大。据同花顺数据，截至2017年1月17日，近一年已实施完成定向增发的上市公司共612家，其中200家上市公司股价跌破定增价，占比32.36%。

受行情影响，深市个股跌幅较大，在跌破定增价的个股中，沪市个股52家，深市个股148家，深市跌破比例高达74%。苏宁云商亏损金额高达81.91亿元，成定增“亏损王”。那些投资回归中概股想套利的人，有些已经人财两空。2017年想套现的会更加困难，所以一些烂公司的大股东在疯狂大笔抛售。

还要不要买新股?

2017年中新股相当于中头彩，由于发行价格被抑制，申购新股相当于买到了低价、优质产品，妥妥地享受了套利空间。

2009年以后的新股发行有“三高”症，而后IPO新政，新股定价实行隐性的23倍市盈率红线，对新股定价进行行政管控。

套利空间如此明显，以至于太多的钱追逐打新，中签率直线下滑；加上有二级市场的持股比率，二级市场一跌可能就覆盖了上涨收益。大家去看看，为了打新持有二级市场股票，但“两桶油”的市盈率已经不低了，成本高而风险大，部分打新资金开始打退堂鼓。

等二级市场市盈率一跌，加上期指对冲，打新收益高于无风险收益，打新资金又会进入市场。反正，“韭菜”对市场只有7秒钟的记忆。

去杠杆股市半死

股市为什么半死不活？亮晶晶的金融肥皂泡在阳光下破灭。吹肥皂泡的人走了，暂时不会回来了。一系列杠杆断裂都与央行去杠杆有关。唐僧在西行途中历经九九八十一难，都是菩萨有意的考验。在中国的证券货币市场上，“央妈”相当于给磨难的人，等到孙猴子搞不定妖怪的时候，菩萨自然会出手相救。

股债双杀，原因就是去杠杆

2017 年，最让人奇怪的是宏观经济数据好转，股市却大跌。从 2017 年 4 月 14 日开始，上证大盘开始下跌，截至 4 月 19 日，连续下跌 4 个交易日，跌破半年线。4 月 13 日收盘 3275.96，4 月 19 日收盘 3170.69，下跌 3.2%左右，看上去不高，但 4 月 17 日一天，就有超过 120 只个股跌停，450 只个股跌幅超 5%。

难道我看到的是假指数？

股市下跌缘于两大重型武器：第一项武器是银监会连续使出“七伤拳”，委外赎回，去杠杆让本来就贫血的市场晕了菜。第二项重型武器是证监会的严厉监管，让庄股抱头鼠窜。投机者滚滚而来，隆隆而走，市场被折腾得不行。

有意思的是，打一巴掌之后，“央妈”又揉了一揉！

2017 年 5 月 12 日，央行发布的第一季度货币政策执行报告提出两点：

第一，加强金融监管协调，有机衔接监管政策出台的时机和节奏，稳定市场预期，把握好去杠杆和维护流动性基本稳定的平衡，为稳增长、调结构、去杠杆、抑泡沫和防风险提供相对平稳的流动性环境。

第二，央行“缩表”不一定意味着收紧银根，不宜简单与国外央行的“缩表”类比。公开市场利率随行就市适度上行，不宜将公开市场利率上行与“加息”画上等号。

第一句话是说：别怕，我不会让市场崩盘；等到市场绷得太紧的时候，我会出面让市场放松的。“央妈”说到做到，5月12日，央行重启MLF操作，总规模达到4590亿元。有人说，一不小心，“央妈”就撒出了单日净投放历史之最。另一方面，4月人民银行资产负债表已重新转为“扩表”。

不仅央行出面维持杠杆，一连发出7份“连环夺命CALL”的银监会也表示，“绝不因为处置风险而引发新的风险”，这一刀不会马上砍下去，自查督查和规范整改工作之间安排4至6个月的缓冲期，这半年的时间，不知道有多少机构可以逃出生天。

证监会仍然在发新股，在严厉监管，但话说得比较和缓了。

“一行三会”纷纷从苦脸变成笑脸，有了刀下留人的空间，说明此前市场真的非常恐慌。

证券货币市场处于一片肃杀之中，股票市场下跌，债券市场下跌，各券商经济学家大写出清文章，投资者心慌慌、盼天亮。

一二线城市的房地产市场成为对冲风险的香饽饽。我到北京、深圳，问朋友们现在到底买什么保值增值，十之八九是异口同声的房地产。最痛苦的一位朋友，2016年下半年卖了深圳两套房产，按照现在的价格已经损失了300多万元，要赚几年才有这300多万元啊！城市群房地产遭遇哄抢，说明股市、债市的资金流向，也说明大家判断纸币购买力依然会下降。

大家别高兴得太早，九九八十一难，才度过了前十难，要恢复市场安全，央行会坚定实行中性、稳健的货币政策，去杠杆是大势所趋。果然，2018 年强力去杠杆，指数涨不到哪儿去。

未来市场三大特点

金融为实体经济服务是大目标，意味着发新股的脚步不可能停下，以为大叫大嚷，就能让监管层暂停发行新股，这是做梦。

2018 年，独角兽上市，CDR（Chinese Depository Receipt，中国存托凭证）可能出炉，股市为创新企业服务，资金再次失去了方向。

市场紧张得一塌糊涂的时候，会得到一颗糖，以后该怎么着还是怎么着。去杠杆不会变，变了，就不是新市场。

虽然不会发生系统性风险，但市场动荡加剧，股市现在就很痛苦，将来更痛苦。未来出现大规模的“仙股”，不专业的投资者就是“仙股”的接盘者。未来数年，从监管层到投资者都会受到煎熬，2017 年的白马股涂上了黑漆，2018 年的独角兽多数可能变成“毒角兽”。

不管怎么说，唐僧不会被吃，否则，西天的真经就求不到了。对于中国证券货币市场，真经就是中国特色的为实体服务的市场经济。路还远着呢。

险资进入股市，会形成大牛市？

险资进入股市的讨论，基本上尘埃落定。不仅来回倒腾、打擦边球的行为受到控制，对险资未来入市也有了一个定性。《人民日报》在2016年年底曾发刊文称，险资可以做举牌者，但是并购过程中应充分考虑到公司经营的延续性，不能做搅局者。如果通过资本游戏坑其他股东，就更不能让人容忍。

险资进入股市被限制，A股市场需要实体经济

A股市场，亟须两样东西定乾坤。

一是在境内外能赢利、有基本价值观的实体企业。没有这些企业，以及创造这些企业的企业家群体，中国股市什么也不是。

二是建立基本的游戏规则，优胜劣汰，逐渐建立退市制度，在不成熟的市场坚决杜绝高杠杆吹大资本泡沫，把收割“韭菜”的钱以各种方式转移到自己遍布全球的裤兜里。

所以，宝能将来一定会撤出万科。

僵尸股增加，散户被淘汰出局

现在的步骤是，不断发新股，并且用新股溢价的方式确保新股发行成功，这两年打新基金做得不亦乐乎。

结果人所共见。2016 年 12 月 9 日，A 股第 3000 只股票诞生。2001 年 2 月份之前，A 股共有 1000 只股票。9 年后，2010 年 12 月 10 日，诞生第 2000 只股票。而增加到 3000 只，只花了 6 年时间。

很多人在抱怨，为什么股市扩容？股市扩容的同时，退市为什么不同步推进？别着急，该来的总会来的，快慢而已。

引用石霜铃的一篇文章，我大体支持这一推论。

“在股市扩容的过程中：

1. 优质蓝筹、白马股的价值会出现回归，出现溢价；

2. 大量个股边缘化，交投清淡；

3. 股市的盈利将越来越依靠基本面研究，依靠专业交易能力；

4. 简单粗暴的盈利方式，将逐步消失，比如简单炒小票，炒次新；

5. 没有专业能力的投资者生存更加艰难。

这个过程来得比较缓慢，如同温水煮青蛙。”

只要经济转型震荡缩小，全球汇率、利率稍微稳定，在政府能够控制的范围内，一定会出现以下趋势：股票不断增加，出现越来越多的“僵尸股”“仙股”，最终会有一大批股票被淘汰出局。与此同时，经过考验的某些创新公司从新三板转向创业板。散户被洗牌，最终大部分被淘汰出局。

基本养老保险金入市，形成一个大牛市？

所谓的长期资金入市，主要是指基本养老保险金入市。

2015 年，国家公布了基本养老保险基金投资管理人资格审核的基本条件，养老基金投资管理机构须具有全国社会保障基金、企业年金投资管理经验。据《北京晨报》披露，2016 年 12 月 12 日的一周，来自基金、保险、券商等行业的多家竞标机构进行了紧张的基本养老保险基金投资管理人答辩。

年金与养老金一样，禁不起折腾，这些资金必须获得长期收益，获得经济增长的红利。原本以为部分险资入市是做长期、稳健的投资者，现在看来满不是那么回事，干脆就让养老金在大基金手下入市。至少这些资金与机构可控、久经考验，不会翻手为云覆手为雨。

基本养老保险基金投资管理人的出炉，意味着养老金入市的步伐越来越近了。有机构测算，截至2015年年底，按照基本养老保险基金入市的上限30%计算，中国基本养老保险基金入市资金规模最大值为11981.1亿元，初次入市资金规模约为4000亿元，占流通市值比重为1.1%。入市资金不会如此之多，前期可能入市只有一两千亿元，但行动本身就是个象征，可以推断出政府的决心。

基本养老金入市，可以看出一个长期的、极其缓慢的牛市的雏形。

南玻A被扫地出门的企业家在干什么？

20世纪90年代，第一代企业家还没有完整的资本意识，在股权设计等方面会存在一系列的问题，此后恰逢货币大爆炸的年代，股权问题成为特大号炸弹，悬在这些企业家的头顶，稍不小心自己就会被炸出一手创建的企业。

以南玻A为例，到2015年年底，前海人寿及其一致行动人合计持有南玻A 4.41亿股股份，持股比例为21.22%。根据详式权益变动书披露的买入价格测算，前海人寿的出资可超70亿元，资金来源均为保费收入。

大风刮起。2016年11月7日，宝能系、北方化工推出的新进董事要求召开临时董事会，提出五大议案，旨在限制管理层权力。会议召开当日，新进董事撤销五大议案，临时提出由新进董事陈琳代理董事长曾南职务。

该议案通过之后，两天之内，南玻 A 的董事高管相继辞职。

密切关注南玻 A 的这些管理层，他们最终会做些什么，而这些宫斗的上市公司结局又会如何。借口游戏规则把企业家扫地出门，企业家会寒心，把上市公司做成掏空公司的大戏。大力完善规则，使中国真正从事实体的企业家有所归依，使有底线的企业家与投资者双赢，是对中国经济最大的利好，可以引导更多的年轻人投身实体企业。

现在股市着力培育有能力、有价值观的企业家，让可以控制的大笔资金如养老金来撑底。

坚实的实体，是中国经济与资本货币市场的基础，不断完善的游戏规则，有助于形成优胜劣汰的机制。想拔着市场的头发上天，总有一天会重重地摔到地上。

次新股到底是美女还是白骨精？

2017年，次新股被当成股市下挫的罪魁，次新股到底是美女还是白骨精？落袋为安的清仓式减持让人心惊肉跳。

次新股总体业绩还可以，个别次新股拖累次新股总体形象

次新股总体业绩如何？

2017年5月9日，《上海证券报》报道，在227家（2016年上市的）公司中，有逾七成实现了业绩正增长，较全体上市公司不到六成的正增长比例高了十多个百分点；而在62家上市当年业绩下滑的公司中，并无一家出现亏损（营业利润、净利润），相比之下，全体上市公司的亏损面则约有6%。毫无疑问，新上市公司的经营状况、业绩水平要好于上市公司整体。

但次新股出现分化，有的次新股十分疲软，占比还不低。新华社报道，2016年和2017年上市的次新股中，有33家公司在2017年第一季度出现业绩亏损，105家公司2017年第一季度出现业绩下降，其中业绩降幅超过50%的有26家，10%到20%的比例，确实比较高。

次新股业绩下滑，有客观原因。一些行业出现周期性下滑，如券商经纪业务不行，华安证券、第一创业（2016年上市），以及中国银河、中原证券（均在2017年上市）的2016年营业利润和净利润下滑幅度均在40%以上，位居业绩下滑榜单的前列。

很多公司上市之前财务狂奔几年，已经筋疲力尽，上市后松口气，脸

上的粉就掉了下来。我经常说，上市之前公司涂脂抹粉，就是为了洞房花烛这一刻，以最美的形象让大家出最高的价格。

公司业绩有涨落，次新股也是如此，这世界上哪有“不许美人见白头”的事。

这时候就需要监管层广而告之，到底哪些次新股业绩下滑是造假形成的，哪些是客观原因形成的。证监会集中回应IPO政策变动传闻、次新股业绩下滑等问题时表示，如果企业上市后当年业绩下滑甚至亏损严重，但风险揭示不够充分，证监会将视情节轻重采取行政处罚或相应措施。严厉的监管在后面。

高送转炒作套路被封堵，一大批人被堵死在黑洞里面

以前次新股的炒作套路是，趁上市之后有了高公积，市值规模比较小，通过高送转，加上市场配合炒作，掀起一波又一波狂欢潮。

高送转曾经是屡试不爽的炒作手段，高送转、套现、再融资、再高送转，这是轮回。

根据东方财富Choice数据统计，2015年度，两市送转在“10转10（含）”以上的上市公司有345家；在“10转20（含）”以上的上市公司合计近50家。其中，中科创达、劲胜精密均为“10转30”，神州长城、辉丰股份等4家上市公司为“10转28”。10转10不稀奇，10转30的大有人在。

监管层看得很清楚。2017年4月8日，证监会主席刘士余严厉批评高送转，指出“10送30”的高送转方案在全世界罕见，必须列入重点监管范围。此后，一些高送转的公司变更了高送转的方案。财路突然变窄，咒骂声不绝于耳，次新股在“内忧外患”中受到重创。

即使如此，2017年5月5日、8日，高送转还是掀起了涨停潮，看来

高送转作为双刃利器，还在斩杀千军万马。

有投资者博高送转被深套，向《钱江晚报》呼救："钱哥，我的纳尔股份被套 20% 以上，怎么办？""抢刚开板的次新股力盛赛车，被套近 10%。""上个月初抄底万集科技，被套 20% 以上。"

有业绩、有现金、可分红的上市公司，高送转才是安全的。没有业绩的上市公司，高送转狂欢结束了。

次新股面临着解禁大冰山，解禁股一直是洪水猛兽

第一创业 2017 年 5 月 8 日、9 日大幅下挫，原因是 5 月 11 日迎来"小非解禁"，解禁市值高达 217.37 亿元，第一创业的流通市值才 48.57 亿元。

《券商中国》的文章显示，2016 年以来，A 股上市了 409 只新股，累计 IPO 募资规模只有 2426.32 亿元，这些个股未来三年将陆续解禁 1135.16 亿股，以目前股价估算，待解禁市值合计达到 2.84 万亿元。

2016 年到 2017 年 5 月上市的 58 只次新股，出现了重要股东增减持记录（多为高管亲属），其中有 28 只次新股出现减持操作，合计净减持市值 5.87 亿元，其中司太立、高科石化和海顺新材的减持市值分别达到 1.88 亿元、1.08 亿元和 0.79 亿元。

解禁股怎么消化？落袋为安的清仓式减持让人心惊肉跳。每家新上市公司都像一颗颗彗星，拖着硕大的解禁股尾巴。这是 A 股市场最重的担子。

"独角兽"刺中A股

A股市场还没有从2017年的震荡中回过神，增加股权融资呼声又起。这次，A股为科技独角兽大开绿灯，上市一路通行无阻。

2018年3月4日，证监会网站披露了富士康将于3月8日上会接受审核的消息。

富士康上市速度前所未有。2018年2月1日，申报IPO材料，2月9日同时披露招股书申报稿和反馈意见，2月22日，招股书预披露更新，3月8日上会。从申报到上会，只有23个工作日。

5月11日，证监会核发富士康IPO批文，5月17日，在富士康刊登招股意向书3日后，有消息称，富士康已经完成IPO战略配售投资者的初步遴选，BAT（百度、阿里、腾讯）等互联网巨头企业大概率入选战略配售名单。

很多人提出质疑，原因是富士康负债率太高了。

截至2017年年底，富士康总资产1486亿元，但是负债高达1204亿元，负债率约81%。跟同行业均值57.17%的负债率相比，富士康的负债率整整高出约20%。

富士康快速上市，政策功劳第一

多家媒体报道，近期证监会发行部对相关券商做出指导，对生物科技、云计算、人工智能、高端制造四个行业中的“独角兽”的企业客户，符合相关规定者可以实行即报即审，不用排队，VIE 架构也不会成为即报即审的障碍。

中国太需要新经济集群，不惜打破法律的公平原则，甚至忘记了 2015 年上半年的泡沫，忘记了证券市场生态。

看看证监会副主席姜洋的表态，2018 年 3 月 6 日中午，姜洋在接受《证券日报》记者采访时说，对于百度、腾讯等“独角兽”回归 A 股，“我们只负责把路修好，愿不愿意开车是市场的事。我们的任务就是修路”。对于修路的时间表，他表示：“要看修什么样的路，修土路快得很，我们就按照政府工作报告抓紧修路。”

A 股市场游戏规则被架空

法律被部分架空。曹中铭说，有些独角兽企业不符合相关规定，企业还处于烧钱阶段，盈利无从谈起，按规定不能在 A 股挂牌。

这时，出谋划策的人出来了，建议“剑走偏锋”。比如对亏损的互联网企业，可以以“市值—收入—现金流”或“市值 + 营业收入”的考量标准来衡量，放弃盈利考核标准。

这实际上涉及新股发行制度改革的问题，也涉及是否违反《证券法》《公司法》的问题。

退一步讲，如果对互联网、智能制造、生物医药、生态环保四大行业企业“市值 + 营业收入”的考核标准能够实施，这么一来，新股发行制度将存在两套标准，有的企业要求盈利，有的企业对盈利没有要求，双标的市场一定是不公平的市场。

假如连续亏损的四大行业企业能够上市，但在挂牌后如果连续亏损，根据目前的退市制度的考核标准，这些企业在挂牌后连续亏损三年时间，是否要做暂停上市的处理？如果连续亏损四年时间，是否要做终止上市的处理？如果还是放一马，又制造了新的不公平。

还有，独角兽公司必然被短期狂炒，留下一地鸡毛。

至于独角兽上市，有人理解为科技企业利用社会资金，有人理解为把有生命力的野生动物圈养起来，你高兴就好。

独角兽股价不安全

一家好公司并不一定是一家好的投资标的，如果连好的公司都算不上，那就把投资者毁了。

笔者曾经说过，360 虽然是一家主打网络安全的独角兽公司，但其股价“不安全”。

360 曾承诺，2017 年及 2018 年净利润分别为不低于 22 亿元、29 亿元，假设业绩以承诺兑现，以目前股价计算，360 市盈率则在 120 左右。

对比目前沪指平均市盈率为 16.6，创业板平均市盈率为 40.4，美国上市的阿里巴巴市盈率为 47.2，香港上市的腾讯市盈率为 51.16 来看，360 市盈率确实偏高。若按照 50 倍较为合理的市盈率来计算，360 股价只值 21 元，是当前股价的一半……

如果我们再与 360 在美国退市时的 93 亿美元（约合 646 亿元人民币）市值相比，当前的 354 亿元市值，粗略计算还要再跌六分之五。这是什么概念呢？当年中石油刚上市时买入并长线持有的人都懂。

以最近几年回归 A 股的中概股为例，分众传媒和巨人网络市值上涨了 8 倍，完美世界市值上涨了 3 倍。360 回归后，周鸿祎身价一度暴涨 16 倍，超越百度李彦宏。但是无论是盈利能力还是公司发展来讲，360 跟百度都不是同一个量级的。

最近有消息称，云从科技可能已进入即审即过的 IPO 申报快速通道。《21 世纪经济报道》记者通过天眼查发现，经过 B 轮融资之后，云从科技的股东数量已增加至 25 个。

云从科技创始人周曦全资控股的常州云从信息科技有限公司持股 29.65%，为第一大股东。佳都科技及其关联企业新余卓安投资管理中心分别持股 11.57% 和 5.47%。刘益谦、何震等资本大鳄也出现在了股东名单之中。其中，刘益谦持股比例达 4.16%。

不少独角兽公司股东有异动，这是大规模套现的前奏。

按照 A 股的德性，上市之日往往是股价最高之时，大鳄已经分好蛋糕。除非碰到 2015 年上半年的大泡沫，再疯狂上涨一次，让后来者接套。

辩护者的理由很简单，独角兽公司已经被市场印证是家好公司，他们活下来了，壮大了。有的企业确实被印证过，而有的浑水摸鱼，有的是好公司但不务正业。国外的中概股板块，如果不是有清道夫，多半被搞得半死不活。

200 家独角兽齐上市，会怎么样？再好的企业，经过 A 股泡沫的洗礼，也很难记得初心。来钱太快，手上钱太多，真的是一件好事情吗？

让独角兽上市、发展中国高科技，出这个主意的人，恐怕不太懂市场运作，把一堆好东西聚集在一起并不会形成全球最牛市场，市场的健康生态是最重要的。

独角兽企业有钱了，会收购一切可能的目标，这样他们就没有竞争对手了，也能获得市场最厚的投资收益。

据《21 世纪经济报道》报道，蚂蚁金服位列恒生电子第一大股东；科大讯飞参股寒武纪、优必选、商汤科技等 AI“独角兽”；东方网力和商汤科技成立了合资公司深网视界；四维图新和滴滴在数字地图和数据交换等领域合作；御银股份和云从科技推动人脸识别在金融领域的合作；中科曙光和寒武纪合作推出基于寒武纪芯片的AI推理专用服务器PHANERON等，这只是一小部分。

以后小企业能做的，就是让巨头并购自己，中国市场从此再无巨头诞生。

中国资本市场专门给独角兽开绿灯，客观上的确会打破市场公平，挑战现有法规，甚至市场短期内也会受到冲击，催生泡沫。长期来看，唯一的好处是，独角兽们回归，可以让高位接盘的人再接受一次教训。

大浪淘沙既成金。头上插个草标的假独角兽们，一定会露出本来面目，被市场抛弃。这需要投资者有火眼金睛，摆脱非理性狂热，选择好公司。

证监会主席的话你真的听懂了？

上任以来一直强调从严监管的证监会主席刘士余，在2017年却因爱“炮轰”市场乱象，一直处在“风口浪尖”。2月10日，在证券期货监管工作会议上再次喊话，继“打妖精”“逮鼠打狼”之后，剑指“资本大鳄”，警告诸如徐翔之类的资本大鳄对散户“扒皮吸血”的行为，要还资本市场一片蓝天。这么多年，几乎没有一个证监会主席在任上得到好评，证监会主席坐在火山口上。

刘士余两面不讨好

以往监管层犯下最大的错误，是放任造假自流；更可怕的错误，让某些既得利益阶层成为最大的套现者；这既是因为无知无畏，又或是因为利益纠葛。

典型的就是B股改革，让境内小散投资者在高岗上举杠铃。到现在，B股都是神一般的存在。刘士余没有犯这样的错误，他没有放任自流，也没有明显偏袒某一地区。

相反，刘士余得罪了双方的人，一个利益中人是不可能得罪重要利益团体的。比如，质疑新股上市的很多人，把目光对准了Pre-IPO投资机构，似乎新股上市就是为了讨好亿万富翁。

但是，情况并非如此。2017年5月底，修订后的《上市公司股东、董监高减持股份的若干规定》及细则出台，期望短线获利的Pre-IPO策略、定增策略的私募股权投资基金承受重大打击。如果刘士余真是利益集团中人，他不会在两大利益群体中两面不讨好。

从此次证监会几个官员的讲话中，可以看出一些政策是固本扶源的中药，有些是短期见效的西药。但让刘士余通过停止 IPO 来获得掌声，这个可能性接近于零。

A 股市场不可能暂停新股发行，股市要为创新服务，为经济转型服务。

一个时期的股市会为一个时期的经济目标服务。股市刚开始时，为国企脱困服务，为地方经济服务，现在，则是为国企转型和创新经济服务。

在 2017 年 6 月的证券业协会会议上，刘士余讲话的第一点是：希望大家专注主业，更好服务于创新驱动战略和供给侧结构性改革。始终服务于国家创新驱动战略的实施，当前要着力服务好“三去一降一补”这项突出任务与关键领域改革，促进更多的资源优化配置到实体经济最需要的领域。

中国证监会主席助理宣昌能在 6 月 17 日“2017（第十九届）中国风险投资论坛”开幕式上也表示，创新发展与资本市场密不可分，科技创新与资本的紧密结合，相互促进，是近几十年来全球创新的显著特征；直接融资体系的分化、多资本市场体系的健全和功能拓展，发挥了至关重要的作用。

暂停发行新股可能性为零

中国经济转型与创新处于关键时期，接下来证监会将进一步提高资本市场服务和创新创业的能力，积极支持创新创业企业发行上市。

宣昌能的解释是，A 股发行常态化以来，企业上市周期大幅度提升，上市预期比较明确。证监会将按照相关法律法规进一步优化相关工作，提高市场效率，鼓励科技实力突出、创新能力强和业绩增长快的企业发行上市。

看来，创新企业的上市已经被提升到与中国创新经济发展密不可分的高度。虽然我们对独角兽上市的作用心存异议，也只能闭嘴。

创新企业以直接融资为主，直接融资要形成链条，收购与上市必不可少。没有股权市场以及通畅的上市渠道，很难想象中国会有发达的创新市场，现在一年上千万家的双创主体，就会胎死腹中。

防止创新套利，证监会强调创新必须面向实体。创新不是玩弄金融花招的借口，防止借用创新企业的名义脱实向虚。

刘士余表示，创新是一把双刃剑，创新必须以合规经营和风险控制为前提，围绕实体经济发展的需要来进行，不能打着创新的旗号规避内部管控与外部审慎监管。否则，最后必将导致“脱实向虚”、自娱自乐，引发风险。

一些创业板企业并不创业，一些创新企业也不创新，却白白拿着政府每年上百万元的补贴，还成为亿万富豪的培育所。说白了，这些所谓的创新企业不过是抽社会的血，进行创新套利，套完了政府套股市。

除了创新之外，还有消化，证券公司不能只盯着承销保荐，更要在并购重组、盘活存量上做文章，为国企国资改革、化解过剩产能、“僵尸企业”的市场出清、创新催化等方面提供更加专业化的服务，加快对产业转型升级的支持力度。

为了保证上市公司质量，证券公司守土有责，不能“只荐不保”“一上了之”。宣昌能表示，证监会将完善 IPO 检查机制，严厉打击违法违规行为。

徐翔式操纵受控制

A 股虽然不会暂停发行新股，但监管趋严，徐翔式操纵受到天眼控制。数字可以说明一切。2017 年 6 月 16 日，证监会在例行发布会上提供了一组数据：2016 年证监会做出行政处罚决定数量、行政处罚罚没金额、市场禁入人数较 2012 年分别增长 221%、876%、217%。

2017 年更厉害，证监会系统全年行政处罚罚没款涉及 75.66 亿元，市场禁入 44 人。相比于 2016 年的 42.83 亿元和 38 人，2017 年的罚没金额和市场禁入人数无疑都创下新高。

连某个知名保险公司的老总都上了新闻头条，连安邦都不安，你以为你是谁？除了防止股市失速下滑的救市部队，其他资金好自为之。

下面转述刀锋所说的证监会“辣手摧花”的案例。

> 马永威等人于 2016 年 7 月 5 日至 7 月 18 日，利用资金优势，通过连续买卖、在涨停板大量申报买单维持涨停价格、虚假报撤单、在自己实际控制的账户之间进行交易等手段，操纵“福达股份”股价，获利共计约 2288 万元。2.9 亿元的操纵资金，只有 2000 多万元是自己的保证金，其他资金是来自江苏、浙江、福建等地区的“借用账户”，账户拥有者知道自己的钱被拿去炒股了，但他们不管，只管收取固定收益。
>
> 叱咤风云的“温州帮”被查了！此前关于“窗口指导涨停板撤单”的传言，监管层一直没有回应，现在来看应该是真的了。现在终于明白为何连板股票越来越少？为何行情频繁一日游？为何新股 8 板就特停？为何那么多股票闪崩？涨停板敢死队被证监会“辣手摧花”，“温州帮”树倒猢狲散，才是市场萎靡不振的真正原因。

那些指望暂停发行新股的，指望股市大涨的，指望杠杆拉抬股价的，认为股指会崩盘的——喂，天亮了，该醒醒了。

中国股市正处于转型的关键时刻，任何一个政策，都不可能违背实体经济转型、防止系统性风险这两大原则。

中国不缺大牛市，缺的是底线

无论是股市还是楼市，讲道德的说法甚嚣尘上。我支持信仰，希望建立一个有底线的社会，但我认为建立底线社会的前提是，社会精英普遍遵守底线规则。在一个底线明显失守的地方强调道德于事无补，只会增加浑水摸鱼的机会。

网传一段胡适先生的名言，这段话是这样说的：

一个肮脏的国家，如果人人讲规则而不是谈道德，最终会变成一个有人味儿的正常国家，道德自然会逐渐回归；一个干净的国家，如果人人都不讲规则却大谈道德，谈高尚，天天没事儿就谈道德规范，人人大公无私，最终这个国家会堕落成为一个伪君子遍布的肮脏国家。

这段话虽然是假的，大致意思我是同意的，在挥起道德的大棒之前，看看自己是不是讲规则，是不是有底线的人。

A 股市场的基础是怎么样的？是先讲道德还是先讲规则？

第一，A 股市场是逆淘汰的。

首先表现在，股市跟不上 GDP 的增速，常常是 GDP 牛股市熊。2015 年 3 月，中国金融研究院副院长钱军发表《为什么经济增长最“牛”的大国有最“熊”的股市？》，指出从 1992 年到 2013 年，A 股市场与 GDP 增长的相关性仅为 9.67%，远低于几乎所有的主要经济体。

美国的相关性是 46.3%、日本是 65%、德国是 84.7%、英国是 54.4%、巴西是 43.4%，俄罗斯也高达 74.5%。

经过严格筛选的上市公司，长期持有其股票的回报为什么赶不上 GDP 的总体增速?

这里面主要原因是股市回报不高。2000 年投 1 元钱进股市并一直持有，到 2014 年剩下 0.75 元（剔除通胀，含现金红利），还不如以活期方式存入银行，活期扣除通胀因素后期末净值尚达 0.78 元。相比而言，美国是 1.5 元，同为新兴经济体的印度和巴西是 2 元多。持股市还不如存活期。

上市公司质量差，利润不如非上市公司。经过千挑万选的上市公司，千军万马过了独木桥，就松了一口气，净利润占比不如非上市公司：从 2000 年到 2014 年间，所有上市公司作为一个整体的年度净利润占比在 13.7% ~ 35.1% 之间，同期非上市公司该项指标在 64.9% ~ 86.3% 之间，两者差距明显。15 年间，前者在每一年都无一例外地远远落后于后者。

这一悖论只能有三种解释：第一是上市公司上市前盈利造假，第二是上市后盈利不佳，第三是即使盈利也不愿意分红。

所有公司都造假不太现实，上市后盈利都下降也不可能。也就是出现这种情况，只能说，上市公司用不着建立回报文化，也能通过其他方式，取得不错的市值。总而言之一句话，以前 A 股市场重融资轻回报。

第二，由于信用土壤不佳，大规模实行注册制、大规模退市都会引发崩盘。

现在，中国股市只能实现严格法制环境下的市场化，目前的监管与市场手段都要符合 A 股市场信用不佳这一大环境。

曾经有专业人士指出，注册制可以防止监管部门寻租，这话说得没错，但目前的市场没有实行的基础。想上市的公司太多，供远过于求。谁先上、谁后上，谁上什么板，都有巨大的寻租空间。

现在A股3000多家公司，监管层已经被骂得焦头烂额，如果到30000家公司呢？如果有一半“仙股”呢？如果每年有200家公司退市呢？在一个散户占多数的市场，上面的做法会把A股市场变成一个屠宰场。

别忘记当年以市场化名义发行的认沽权证，结果如何？变成大屠杀。

地方政府出售土地也以市场化的名义进行，现在房地产尾大不掉，与地方财政血肉相连。

A股市场化需要与本土的信用基础相匹配，不能想当然，否则任何以市场化名义进行的所谓创新，不过是新一轮的利益分配。不要看口号，要看实质。

第三，我很担心以良心的名义进行的市场博弈。

如果每个道德家都以民粹的名义捍卫自己的利益，市场就会成为最糟糕的市场。

一个良性市场应当有利益博弈空间，在程序正义的前提下，让各方利益得到公平呵护。并且，良性市场会形成尊重程序的文化，因为这些程序经过考验。监管层要守住的底线是不发生大规模突破法律底线的事件。

对于证券市场来说，底线就是不许内幕交易，不许通过信息优势“薅羊毛”。禁止所有的内幕交易是不可能的，让市场掌握内部信息的股东成为雷锋也不可能。那么，监管层要做什么呢？防止大多数违规事件，防止市场成为劣胜优汰的柠檬市场。

A股操纵现象并不少见。耿斯曾经写过一篇论文，进行了操纵市场的样本分析，样本是2010年上证A股247家高比例送股和转股上市公司，以及2000—2010年上证A股282家高比例配股上市公司，是不是存在内幕交易的现象。

文章分别以高比例送股和转股预案公告日和高比例配股方案公告日为0时点，通过分析0时点前后30天平均超额收益率的变动情况和T检验结果，并结合累计超额收益率曲线图、换手率曲线图以及对内幕交易效应和公告效应的计算结果，发现在信息披露的前若干天有显著的股价异常波动的现象。这说明，高比例送股和转股和高比例配股的上市公司在信息公布之前存在内幕交易的概率极大。

禁止高送转？还是严查内幕交易？在高送转愈演愈烈的情况下，只能先控制住高送转现象，然后以较低的成本严查内幕交易，等到市场信用好转，再用欧美式的市场手段。这也是股市处于发展初期的国家，监管力度特别大的原因。

如果法律、规则能够使70%以上的人守住底线（超过30%的人违规，市场将不可控），A股市场总体就是一个良性市场；如果多数人不遵守规则，那就是一个优汰劣胜的柠檬市场。

为什么以前A股市场动辄就要暂停发行新股、拯救市场于休克之中？因为柠檬酸到一定程度，投资者就不敢尝试。为什么大家要到国外买奶粉？因为信用丧失到一定程度，消费者只能给国产消费品质量打个整体折扣。

底线是靠法律与文化来维护的，法律错位的社会将伸手不见五指。法律是不是执行到位要靠文化，如果文化使绝大多数人不执行法律，那法律也会成为一纸空文。

考虑到法律执行的成本，我一向主张，底线规则要少而精，让多数人能够遵守，以免出现法不责众的现象。一旦规则被制定，必须严格执行，保护规则尊严，使违规成本大大上升。美国的税收体系就是这么干的，你平时现金交易偷漏税似乎没什么问题，但一旦被查到，那就等着彻底完蛋吧。

第七章　不当“韭菜”，少持现金，配置资产

到底该持有现金还是资产？

姜超说，要持有现金。任泽平说，持有现金是大坑。那么，中国居民到底是持有现金，还是持有资产？货币高发周期到顶峰，强调去杠杆，市场就会迷惘，不知道持现金还是持股票房产。每隔两三年，就来一次这样的周期，老百姓真是受不了。

从长期来看，要持有资产

现金是纸币时代最大的坑，长期持有纸币的损失，是替贪婪的人性付出的赎罪券。

以美元为例，20 世纪初，美元货币供应量只有 70 亿美元，一百年后货币供应增长约 1900 多倍，美元购买力快速下降，绿钞与黄金脱钩，纸币失去了定心锚。花哨的绿钞是人性贪婪的代表。

再以中国的广义货币为例，即使增速降到 1990 年以来最低的 11%（2016 年为 11.3%，2017 年最低为 8.2%），七年之后也会在 155 万亿元的基础上翻番，达到 310 万亿元。到时候，北京房价会到多少，和田玉价格会涨到多少？

2016 年实际的贷款数据超过公布的数据。根据李迅雷的说法，2016 年银行新增贷款看起来只有 12.5 万亿元，但是如果考虑到银行购买的地方政府债券，加上外汇占款减少，估计银行向市场投放的资金要超过 20 万亿元，洪水滔天。

目前我国居民存款有 60 万亿元，是 30 年前的 200 倍，而同期 GDP 增长只有 90 倍左右。如此巨量的货币投放，必然带来债务的增长与资产价格的上升。

近两年房地产上升，主要是影子银行货币增长过快。姜超表示，2016 年银行体系增加的存款只有 15 万亿元，只能够支撑发放至多 15 万亿元的信贷，多出来的 10 万亿元，实际上是通过影子银行创造出来的，大家通过各种创新的金融工具吸收货币，然后发放信贷。

这样的货币增速，房价能不涨吗，股市能不涨吗？虽然股指震荡，但从发新股的数量，还是可以看出股市的支撑力。

人性不值得信任，因此，纸币也不值得信任。从任何时候来说，优质资产都比纸币要好得多。所以，我主张应该大部分持有资产，纸币最多持有 10%。

从短期来看，不是什么资产都可以买

从短期来看，去杠杆、严监管会让资产泡沫局部破灭，2012 年的一线城市房地产、2018 年的债券市场就是如此，一不小心就变成“韭菜侠”。在去杠杆的过程中，不是什么资产都可以买的。

2017 年 4 月，从证监会到银监会，都在强监管、去杠杆，如果银监会七个文件①落实到位，从房地产到股市，外围的资产价格会雪崩。

---

① 七个文件指：《关于提升银行业服务实体经济质效的指导意见》（银监发〔2017〕4 号）；
《关于集中开展银行业市场乱象整治工作的通知》（银监发〔2017〕5 号）；
《关于银行业风险防控工作的指导意见》（银监发〔2017〕6 号）；
《关于切实弥补监管短板提升监管效能的通知》（银监发〔2017〕7 号）；
《关于开展银行业“违法、违规、违章”行为专项治理工作的通知》（银监办发〔2017〕45 号）；
《关于开展银行业“监管套利、空转套利、关联套利”专项治理工作的通知》（银监办发〔2017〕46 号）；
《关于开展银行业“不当创新、不当交易、不当激励、不当收费”专项治理工作的通知》（银监办发〔2017〕53 号）。

投资者的心都提到了嗓子眼儿。放宽心，全部落实到位的时间会很长。因为现实太骨感，企业负债率太高，如果去杠杆玩真的，债务泡沫首先崩塌。这不仅是投资者不能承受之重，也是监管层不可承受之重，这边重锤未落，那边谩骂声响起。

各方对政策的解读也不尽相同。2017 年 4 月 25 日，中央召开政治局会议，提出“要高度重视防控金融风险，加强监管协调，加强金融服务实体经济，加大惩处违规违法行为工作力度”。

针对防控金融风险一条，很多人按照自己的意愿解读为，证监、银监的杠杆将告一段落。我的理解是，去杠杆还是要去，严监管还是得严，但不管怎么严，都得守住不发生系统性金融风险的底线。

举两个例子，股市数百家企业下跌没有关系，但绝不能发生整体市场坍塌；银监会让银行资产与风险金平衡，但绝不会出现银行利润总体大规模下降的现象。

一些高风险、系统关联性不大的资产会完蛋。比如，有很多人买了泛亚交易所的投资品被套，拿回本金的可能性很小。买了快鹿 P2P 产品的在哭爹喊娘。买了雄安概念股拿到 2017 年 4 月底的，估计骂人的劲头还没过。

监管不会失去理性，在维护底线安全的基础上，逐渐去杠杆，以最小的成本完成货币、经济转型。在这个过程中，一些资产价格直线下降，比如燕郊的房价，而另一些则能长期享受中国经济发展的溢价。

价值投资迎来了春天。国内的消费、高端制造股，已经被抢得鸡飞狗跳；城市群中灿烂的卫星城，现在一房难求；我的一些朋友现在忙得焦头烂额。好资产都靠抢的。

垃圾裹上黄金也是垃圾，黄金在垃圾堆里也是黄金。专业而诚信的投资机构，就是专业的捡金人。

对投资者来说，最不确定的因素，是政策。接下来，有两大关系到亿兆生民的税收——房产税和遗产税，财富税推出之时，就是中国经济转型大致告成之日。到那时，现金流不足的人光是对付这两大税种就够呛，你有十套房没有现金，怎么缴税呢?

对非专业投资者，房价再高，也不要把钱放到房地产这一个篮子里。除了10%的现金外，必须持有90%的多种资产，避免货币贬值。这些资产必须是禁得起时间考验的资产，比如城市群中核心城市的房地产，或者是“千年”不会破产、连续分红的蓝筹股，以及创新企业中未来的腾讯阿里。找到这样的资产，紧紧抓住，不要放手。

管他真加息假加息，收紧货币、消灭无良暴发户才是真的

从2016年以来，政策非常明确，虚拟经济为实体经济服务，通过股市、楼市成为暴发户的人数会越来越少。指望楼市、股市大跌抄底的，别做那不着调的美梦了。

楼市、股市的暴发户数量从2017年开始会大幅下降，因为高杠杆被贴上禁令。

为什么呢？央行“加息”了！2017年春节前后，央行三次提升MLF、SLF利率。看着升幅不大，但节前就发出信号，这个信号很强，是近几年从未有过的严厉举措。

不仅如此，央行还暂停了逆回购操作。2017年2月4日之后，央行连续4日暂停公开市场操作，这是逼着银行还钱的节奏。截至2017年2月22日，共有18500亿元OMO（Open Market Operation，公开市场操作）+MLF到期，同时央行通过TLF（Temporary Lending Facility，临时流动性便利）解冻的约6300亿元资金也将回归冻结状态。

据Wind数据统计，整个2017年2月，公开市场到期逆回购规模达1.73万亿元，加总起来，春节后一个月，金融机构需要向央行偿还流动性资金约2.5万亿元。这钱怎么还，估计银行比较头痛，尤其是激进的中小商业银行。

为了纾解市场情绪，有关部门端上了一碗心灵鸡汤，不承认这是真加息。央行研究局局长徐忠表示，此次中标利率上行是市场化招投标的结果，

反映了 2016 年 9 月以来货币市场利率中枢上行的走势，与存贷款基准利率上调存在较大差别。

管他是真加息还是假加息，货币在收紧，货币成本在上升，这是事实。

收紧货币的原因无外乎通胀压力上升，资产泡沫增加，美联储加息压力上升。

这三个原因都不是央行下狠手的直接原因。美联储 2017 年 3 月加息的概率不高，从房地产、股票市场看，泡沫被逐步挤压，房地产中介机构急得到处打电话。用行政命令提高首付比例、不断发新股挤压泡沫的作用，比提高中期借贷便利 10 个基点的效果明显得多。

那央行为什么要如此迅速地收紧货币？直接导火索是什么？消灭无良的暴发户！

数据使央行不得不提高利率走廊——2017 年 1 月贷款实在太多，国金证券 2017 年 2 月 8 日发布的研报认为，受“早放贷早收益”以及 2016 年末部分信贷需求延后影响，预计商业银行 1 月新增信贷 2.8 万亿元、社融 3.6 万亿元，季节性高增长，后期随着央行提高货币市场利率、加强 MPA 考核等多口径监管以及地产销售放缓，预计信贷扩张有所回落。春节前放了那么多钱，春节后必须尽快回收。

如果不收回，后果很严重。金融机构手里拿到钱，又没有好的项目放贷，就会通过种种渠道进入虚拟经济，或者以 30 倍以上的高杠杆进行空手套白狼式的股权收购，或者进入房地产市场让房价一飞冲天，或者像 2015 年上半年一样在背后支撑股票二级市场。

更可怕的是，一些地方银行很可能把大把的钱交给幕后的隐身股东，让这些资本大鳄在市场上翻云覆雨，想让谁发财就让谁发财。

2017 年 2 月 7 日《中国证券报》发表的文章有些道理，文章认为，金融去杠杆已成为宏观调控重中之重，在保证流动性基本合理需求之余，央行通过投放“短钱”“贵钱”抑制杠杆套利、期限套利的操作取向不会变化。

实体经济的投资回报率下行，暴发户越来越多地来自于金融运作，一些要专业没专业、要底线没底线的暴发户，被誉为“华人巴菲特”“女版巴菲特”，只要货币收紧，他们就把垃圾包装成黄金交给“韭菜”，而自己早就在加州海滨买了别墅。

防止年初疯狂放贷，防止资金变相进入股票与房地产市场，是这次央行出击的导火索。长期的原因，则是应对资本外流，防止美联储加息，防止 PPI（Producer Price Index，生产价格指数）上升引起通胀。从 2016 年下半年开始提高资金成本，让各行业在温水里逐步适应高息环境，以免真正加息时手忙脚乱。

值得注意的是，央行一定会在去杠杆的同时，保持市场总体稳定，强调一下，股市、楼市不会崩盘，如果崩盘，央行现任官员会坐着火箭上天。

从 2016 年下半年开始，中国货币方向发生变化，但央行在控制节奏。最近 30 天，上海银行间 1 个月以上的货币拆借利率显著上升，但 1 个月以下的短期拆借利率基本保持稳定，市场不恐慌、不崩盘是一条不可逾越的底线。

指望楼市、股市大跌抄底的人，别做那不着调的美梦了，看看债务有多少。指数不会大幅下行，在区间内波动完成去杠杆过程，是可以预测的最稳妥的转型过程。

从 2016 年以来，政策已经非常明确，虚拟经济为实体经济服务，通过股市、楼市加杠杆成为暴发户的人数会越来越少。

在高杠杆的庞氏骗局失控前，用民间真金白银夯实市场

在上一篇文章中，提到央行在 2017 年春节前后用非传统方式加息。从 2015 年股灾、2016 年十一收紧房地产后，股市、楼市成为海市蜃楼。当时有一种说法，央行变相加息是为了挤破资产泡沫，这其实不可能，央行只有疯了才会去主动挤破泡沫让市场崩盘，央行这么做的唯一理由，就是在高杠杆的庞氏骗局失控前，让民间的真金白银进入市场夯实地基。

从 2016 年下半年开始，央行用逆回购、SLF 等办法变相收紧货币，这不是为了冲击房地产、股市，而是为了防止金融风险大爆发，同时让民间的资金进入市场托底。

2017 年 2 月 3 日，春节后第一个交易日，央行上调公开市场操作利率，7 天、14 天、28 天期逆回购利率较上期上调 10 个基点。据路透社援引消息人士称，央行同一天还上调了常备借贷便利（SLF）利率，隔夜品种上调 35 个基点至 3.1%，7 天和 1 个月 SLF 各上调 10 个基点，分别至 3.35% 和 3.70%。

节后第一天就这么搞，说明央行春节就没有放假。“地球不爆炸，我们不放假，宇宙不重启，我们不休息。”

节前央行也没闲着，2017 年 1 月 24 日，22 家金融机构的 MLF6 个月、1 年期中标利率较上期上升 10 个基点，自 2014 年创设 MLF 以来首次上调。

央行变相加息，很多人认为是为了挤破资产泡沫，这其实不可能，央行只有疯了才会去主动挤破泡沫让市场崩盘，央行这么做的唯一理由，就

是在高杠杆的庞氏骗局失控前，让民间的真金白银进入市场夯实地基；在股市、楼市、债市的崩盘风险可以控制时，让市场逐渐回到正轨。

变相加息不会打压实体经济。大多数实体企业本来也拿不到银行的便宜钱，现在一家房地产企业从民间融资，最终利率起码得在10%以上，资金成本提高10到20个基点，关这些企业什么事？

只有能够借到足够多的便宜钱的大企业、地方政府，有能量弄到便宜钱的权贵企业、高杠杆投资者，才会害怕这几十个基点。

表面上看起来，央行加息是在拿国资开刀，其实不可能拿长子开刀，是有对冲手段的。

债券熊市已成定局，2017年2月3日黑色系期货收盘集体大跌，其中热卷主力跌超7%，螺纹跌超6%，铁矿、焦炭跌超5%，焦煤跌超4%，橡胶跌近4%。债券收益率上升对政府不利，黑色系大跌，资源性企业大叫大嚷。

政府有对冲手段，国开债下跌可以让机构接盘，通过继续降产能，维持石油、煤炭等价格。2016年去产能、去库存小试牛刀，焦炭价格、焦煤期货价格年内涨幅均超过200%，动力煤、钢铁价格翻番，从白菜价变成了海鲜价。

最近的PMI（Purchasing Managers' Index，采购经理指数），证明原材料企业日子不难过，加上特朗普同学的弱美元政策导致资金外流不严重，为央行收紧货币提供了空间。

央行收紧货币是在倒逼激进的商业银行和权贵人物老实一点。这些银行进行大规模短期同业拆借，热衷于赚快钱，钱像洪水一样流到有能量的金融巨鳄手里。规则一改，估计能量略低的大鳄会一脚踩进泥坑。

收紧货币不利于楼市和股市，不过，也有对冲手段。

央行对股市楼市采用的是资金置换的手段，让民间的真金白银置换银行的资金，市场总体稳定。

2017 年春节期间的成交量显示，一些地区楼市进入寒冬，不过这不是央行的功劳，而是 2016 年楼市调控政策的功劳。

海通证券宏观团队发表研报认为，房贷上升，楼市下雪。截至 2016 年 9 月末，银行住房贷款平均利率为 4.52%，10 年期国开债利率只有 3.13%，按照目前 4.1% 的国开债利率，从历史数据比较来看，合理的房贷利率应该在 5.5% 左右，比目前的水平高出 100 基点。5.5% 的利率能借到十年以上的钱，实体企业做梦都要笑出声。

房贷利率上升的作用远远比不上首付比例大幅上升，提高首付比例直接斩断了房地产引擎。

从 2016 年到 2017 年，楼市政策很明显是维持稳定，压低高价楼市，扶持冷门城市。不出意外的话，2017 年房地产会跟股市看齐，指数稳定，热度下降。

股市多空争执，一方面政府靠去产能、养老金入市托住底，另一方面坚决抑制 2015 年上半年出现的杠杆牛市，抑制股权市场空手套白狼。抑制套利行为，主要是为了让庞氏骗局不失控。

以为央行变相加息是想让股市、楼市崩盘，这真是做梦。市场稳定的同时，逐渐改变游戏规则，降低金融机构杠杆，让民间的财富直接进入资本货币市场，这才是此次货币改革的要义。

别忘记，央行动用的不是存贷款利率上升等手段，变相加息获利者不是存款人而是央行，如果情况失控，央行马上动用加大逆回购、降利率等手段，主动权在央行手上。

游戏规则当改则改，话该说则说

在第六章中的“证监会主席的话你真的听懂了吗？”一文里，我们曾提到，刘士余因爱“炮轰”市场乱象而一直处在“风口浪尖”。证监会的监管数量、交易所的问询数量都是明证，显示监管层也不易。

刘士余针对资本市场不正常现象说的重话没有错，如果不加重视，杠杆资金借助部分激进的保险公司的管道，股票市场2015年的悲剧将再次卷土重来。

2016年12月3日，中国证监会主席刘士余先生在中国证券投资基金业协会第二届会员代表大会的致辞中“开炮”：“我希望资产管理人，不当奢淫无度的土豪、不做兴风作浪的妖精、不做坑民害民的害人精。最近一段时间，资本市场发生了一系列不太正常的现象，你有钱，举牌、要约收购上市公司是可以的，作为对一些治理结构不完善的公司的挑战，这有积极作用。但是，你用来路不当的钱从事杠杆收购，行为上从门口的陌生人变成野蛮人，最后变成行业的强盗，这是不可以的。这是在挑战国家金融法律法规的底线，也是挑战职业操守的底线，这是人性和商业道德的倒退和沦丧，根本不是金融创新。”

不留情面的指责，撕破了一些赤裸裸的伪装，并不奇怪，收获了不少骂声。

谔谔直言，是这个社会难得而可贵的品质，尤其在一些信用不彰的市场，借着金融创新的名义，想方设法提高杠杆进行短期投机的恶果，在

2016年的股票市场表露无遗，我们不应重蹈覆辙。一方面指责乡愿，另一方面对直言捂紧耳朵大声诟詈，才是真正的乡愿。

无独有偶，除了刘士余先生，2016年12月3日，保监会副主席陈文辉在财新峰会上直言，保险公司绕开监管的套利行为，“严格意义上就是犯罪”。

这些话不会平白无故，保险公司的短期投资行为影响之大无法忽视，必须要进行明确的监管，游戏规则当改则改，话该说则说。

为投资险侵入股市辩护站不住脚

为投资险进入市场进行辩解的三大理由都不大靠得住。

投资险资金进入上市公司是为实体经济服务，提高实体企业的效率？靠激进投资起家的保险公司，如果能够成为中国制造业的脊梁，那中国也不必进行什么制造业转型了，也不必培育什么实业家了，只要金融资本参与一下就行了。

证券市场如此下去，只要是有信用、现金流丰富的企业就不愿意上市。老干妈说得对，骗子才想上市呢。这些短期想捞一笔的企业与投机机构、赌性十足的投资者刚好对眼，证券市场就会整体上演劣币驱逐良币的大戏码，对中国实体经济发展十分不利。

好的市场生态，是金融资本与实体企业共同成长，风险共担、收益共享，由专业资本筛选出好的有质感的公司。但理想很丰满，现实很骨感。金融资本跟实体企业一样分成不同种类，有些愿意与企业共同成长，有的撩一爪就走。

A股发展史上相关案例太多。只要是借助短期资金、高息融资的，我们都得保持足够的警惕。曾经那么热闹的互联网金融，现在硬生生地被那些不守信、搞庞氏骗局的公司，给搅成一锅老鼠汤。不要以为保险机构这么激进下去，就可以当了股市的家。大错特错，这对保险业绝不是好事。

万能险为什么成为洪水猛兽？

万能险不是洪水猛兽，国内外都有，但监管方法不同，激进度不同。

先来看国内万能险的利率。根据《证券日报》记者对10家寿险公司（包括4家上市险企）278款万能险结算利率梳理发现，2016年10月有两款万能险年化结算利率达8%，有险企单款万能险结算利率已连续11个月保持在8%。万能险保费较为激进的寿险公司与上市公司的万能险结算利率分化明显，2016年10月四大上市险企万能险最高的结算利率仅为5.38%。

根据另一保险业专业人士聂方义的文章，2016年前4个月万能险销量领先的新兴保险公司安邦人寿、华夏人寿和富德生命人寿和前海人寿在以总规模保费收入衡量的市场排名中分列为第2、第4 、第5和第11。根据我个人的观察分析，不一定对，也不一定全面。近年来在内地热销的万能险大都属于通过银保渠道销售的“中短存续期”“高现价”万能寿险产品，被称为“中国市场上的独有创新”，相信很多人知道这意味着急剧扩张与激进。

监管机构不明确，谁的利率高，谁吸引的金额大，谁就可以兴风作浪。

如果允许表面保险、本质接近高风险投资的方式在股票市场获得巨额收益，保险公司的行为模式就会发生本质变化，他们会从风险的消除者，变成巨大风险的制造者。

我听传统大型保险公司的朋友介绍，保险公司“六大金刚”正在观望，并且有些愤愤不平；既然人家可以这么搞，他们完全可以这么干，而且他们能量更大；以后好一点的上市公司股权就被保险公司包圆得了，还搞什么社会保障的商业补充，那些养老啊、医疗啊，又累又难管理，大家进行激进的投资险销售，比拼利率杠杆率。就跟 2015 年一样，资管计划，网络销售、银保渠道应有尽有。

各监管部门进行协同式、穿透式监管是当务之急。只要下决心各方协作，穿透式管理是可以做到的。

还有一种说法，认为险资进入让中小散户喝了一口汤，如果跟着这样的投资思路走，中小散户死都找不到地方哭去，比如万科的大宗交易就让人跌破眼镜。

看看标普 500 指数，印证了有能力的企业家与有基本信用的管理层会让中小散户得到较为稳定的回报，不会让人尸骨无存的道理。而加杠杆的资本大鳄，通常会让人骨头都不剩。

有人指着鼻子说，别那么多废话，有本事找到证据把这些人抓起来啊。别着急，再这么下去，5%的举牌线也有可能会动一动，谁说制度不能改的?

不要拿着美国的金融市场来说事儿，那种纯理论，在美国国内也未必会达成共识。更何况，中国还有特殊性，这两年股票市场、救市过程的异象，在互联网金融领域已经表现得够明显了。必须承认，有的金融行为只会遮蔽价格，而不是发现价格。

监管层也不容易，证监会的监管数量、交易所的问询数量都是明证，显示了监管方面所做出的努力。实话，不易说，人事，不易行。中国金融市场需要一批务实、理性、有深层次激情的担当者。

警惕打着金融创新名义的欺诈

笔者每天都会接到好几封信，大多数是求助的，看了心里特别难受。为什么这样的事情层出不穷，为什么一再呼吁却徒劳无功？金融市场欺诈横行，很多人大打擦边球。写这篇特殊的文章，希望投资者都擦亮点眼睛。咱们不能草木皆兵，也绝对不能缴智商税。

不久之前收到一则私信，内容如下：

叶檀先生，你是百姓最信赖和欣赏的财经人士，因为你敢讲真话。我没几天就在广东镇 ×× 投资有限公司操作白银损失了 100 万元，这个网站简直是吃人的老虎机，一共才 4 把操作，我一生的积蓄都被掠夺。我是孤寡老人，72 岁了，这些钱是我养老的依靠，我现在都不想活了。这个网站的操作很不透明，交易者起码应该有知情权。有时看到一笔交易明明是好几千元，可最后却巨亏。要过年了，我无处述说，求叶檀先生救救我。这个网的法人代表是钟 ××。求您了。谢谢！

我们每天都会接到好几封这样的信，大多数是求助的，看了心里特别难受。为什么这样的事情层出不穷，为什么一再呼吁却徒劳无功？今天特意写这么一篇文章再次强调，有些交易所不要轻易去做，涉嫌对赌盘的必须格外小心。

在中国境内，只有上海证券交易所、深圳证券交易所、大连期货交易所、郑州期货交易所、上海期货交易所、中国金融期货交易所是国务院和证监会批准成立的正规交易所。其他的是一些地方政府或者商务部此前批准的交易所，野火烧不尽，刚清理过一批，一些“野鸡”交易所又像雨后春笋一样冒出来。

为了探寻这件事的原委，我查询了全国企业信息，这位老人似乎把公司的名字都写错了，因为找不到“镇 ×× 投资有限公司”，按照法人“钟 ××”搜索，找到了“广东镇 ××× 投资发展有限公司”（比老人信中写的多一字）。

该公司的经营范围是“投资咨询服务；企业自有资金投资；投资管理服务；资产管理（不含许可审批项目）；市场调研服务”等等，与贵金属相关的包括“黄金制品零售；白银制品零售；收藏品批发（国家专营专控的除外）；黄金制品批发；白银制品批发；铂金制品批发；铂金制品零售；燃料油销售（不含成品油）；（依法须经批准的项目，经相关部门批准后方可开展经营活动）”。

公司业务有黄金和白银制品的零售，进行贵金属批发的企业通常会进行套保交易以降低金融风险，这家公司在官网上写明是“广东省贵金属交易中心有限公司的综合类会员，会员编号：×××”，这可以与粤贵所互相印证，地方平台贵金属制品企业可以申请为会员。

搜索广东省贵金属交易中心会员资格申请和审批流程，网站显示是“建设中”。继续搜索综合类、服务类、经纪类、产业类、互联网会员，居然都是“404”。

沿着“镇 ×××”的线索继续追查，从百度上又搜索出如下标题的控诉帖“血泪控诉镇 ××× 发展投资有限公司诈骗，曝光粤贵银大骗局”等，内容无非是自己控盘、私自手动控盘、恶意刷单对赌等。如果这些指控属实，那么就是与投资客对赌，投资客的亏损就是他们的赢利，不可能出现多少实物交割。

在该公司官网可以下载 PC、手机交易客户端，建仓平仓模板的字都很大，“准备金”“浮动金”的字小到看不清。

广东贵金属交易中心官网的简介显示，“是由广东省国资委出资控股的唯一一家省级贵金属交易平台。现为中国黄金协会常务理事单位、广东省贵金属投融资协会会长单位、广东省黄金协会副会长单位、广东省有色金属行业协会副会长单位”，目标是为了争夺亚太地区贵金属定价权。

粤贵所与天贵所一样，是两家国内首屈一指的交易中心（省级别），习惯上还是称“所”，是最高层面的。大型交易中心基本省级批准，商务部批文监管，都标榜自己是最正规的。确实，这是政府批准的。

有投资者教育栏目，在“粤微盘”一栏中，既写着门槛低，也写上了有自动止损功能，亏损仅限于投入的准备金。在法律责任上，把自己撇得很清楚，“客户应知悉所有针对贵金属交易业务的任何获利保证或不发生亏损的承诺均为虚假承诺，因轻信该等虚假承诺而造成的损失将由客户自行承担”。

从这封信来看，这位老人连公司的名字都没写对，怎么有能力在网上操作白银？财货两空的结局几乎是肯定的。

假设，一个交易所银 9995 做一标准手为 15 千克，准备金比例为 5%，费用为 5000×15（千克）×5%=3750 元。如果做 100 手，就是 3 万多元，再加上连续交易，只要亏个几次，几十万元眨眼不见。

意味深长的是，2016 年 12 月 29 日还有网络报道标题为“镇 ×××：如何正确防止金融诈骗”，一家这样的公司教人防范金融诈骗，到底是怎么回事？

现在，监管风声渐紧，一些交易所会员单位已经非常警惕了，打电话过去，都表示开户要求在提升。

政府有关部门终于又要出手了！眼泪都快掉下来了。

2016 年 11 月 9 日，清理整顿各类交易场所部际联席会议召开第三次会议，要求对违规交易场所用半年时间集中清理整治。

2011 年、2012 年，国务院就下发了清理整顿的文件，但成效不彰。仍有一些交易场所，公然违反规定开展连续集中竞价交易，诱导大量不具备风险承受能力的投资者参与投资；部分贵金属、原油类商品交易场所开展分散式柜台交易，涉嫌非法期货活动；部分邮币卡类交易场所开展现货发售模式，涉嫌市场价格操纵；一些交易场所会员、代理商等机构涉嫌欺诈误导投资者；一些金融资产交易场所将收益权等拆分转让，变相突破 200 人界限，涉嫌非法公开发行；“微盘”交易涉嫌聚众赌博，等等。

清理违规交易绝不是件容易的事，这一块利益盘根错节，根基厚到无法想象，并且与赌场文化相结合，打着金融创新的名义，纠偏非常困难。

包括笔者在内的很多人已经呼吁了许多次，一些地方交易所，打着争夺定价权的名义忽悠普通人进行对赌，是对中国金融市场的犯罪。

闭眼炒房炒垃圾股的时候已经过去

2017 年 12 月末，广义货币 M2 余额 167.68 万亿元，同比增长 8.2%，增速分别比上月末和上年同期低 0.9 个和 3.1 个百分点。大家都没想到，M2 的数据居然这么低。M2 恢复到了个位数，时代不一样了，买房不能闭着眼瞎买了。

8.2% 的 M2 增速让投资者起了一身鸡皮疙瘩，这说明，股市难投了，房地产难做了，中小企业得到廉价贷款更难了。

在 2017 年 12 月初的时候，央行披露 11 月 M2 增速 8.8%，突破了 20 几年来的历史新低！当时我们在文章里面说过，M2 创一次新低，再创新低就很容易。果然，12 月广义货币增速再创有记录以来的新低。

过去房地产价格大涨，主要是货币超发的结果。只要货币购买力下降，大家焦虑上头，发疯似的买房产，等于贵金属时代藏黄金，房地产一度成为信用货币时代最大的储蓄罐。

从 1990 年到 2016 年，26 年的时间里，中国的 M2 发行量增长了 101 倍左右，并不奇怪，房价涨了几十倍。

过去 20 年，房地产是紧跟广义货币发行量的最大宗投资品——我是光，你是影；我是风儿你是沙。那个时候，闭着眼睛买房，哪怕在你们老家的县城里买，也不会错。

M2 回到个位数，买房不能闭着眼睛瞎买了。

M2 如此大降，原因何在？央行调查统计司司长阮健弘说，M2 下降反映了去杠杆和金融监管逐步加强的背景下，银行业的金融资金运用更加规范，金融部门内部的金融循环和嵌套明显减少，由此派生的存款也会有所减少，影响到 M2 同比增长的速度。

银行业大加杠杆难上加难

以前，银行表内到表外，持续加杠杆，现在，银监会用十八只眼睛盯着银行的表外，穿透式检查。

2018 年 1 月 13 日晚上，银监会又发布了新文件，《中国银监会关于进一步深化整治银行业市场乱象的通知》，同时印发《进一步深化整治银行业市场乱象的意见》和《2018 年整治银行业市场乱象工作要点》，银行业想大加杠杆，那是难上加难。

民间大型金融机构，也被套上紧箍咒

有很多网友表示，自己支付宝里面的“借呗”被关掉了。有媒体报道，因为高杠杆触及监管红线，蚂蚁金服关闭了部分用户的“借呗”。

蚂蚁金服在重庆市的两家小贷公司净资本合计 106 亿元人民币，但截至 2017 年 6 月底，蚂蚁金服的总贷款余额达到了 2651 亿元，融资总额与资本金额的比例高达 25.0 倍，远远超过了重庆银监局 2.3 倍的杠杆要求。

蚂蚁金服并不承认，但不管是否承认，这都是降杠杆的手段。

无杠杆，无牛市。没有高杠杆，就没有 2016 年的房地产市场，和 2015 年上半年的牛市。

不要急着买房，可以精挑细选了

居民购房贷款大幅下降。2017 年 12 月，居民新增贷款 181 亿元，同比减少 1679 亿元，环比减少 2911 亿元，其中居民短期贷款增加 3112 亿元，居民中长期贷款增加 0.53 亿元。

居民贷款下降明显，主要是中长期贷款下降，中长期贷款里面主要就是房贷。如果你 2017 年第四季度到银行借过房贷，就知道根本没有额度。

借得到，也还不起，房贷利率全面上涨，还会继续上涨。2018 年 1 月初，融 360 大数据研究院发布《2017 年 12 月中国房贷市场报告》，2017 年首套房贷款平均利率，从 2017 年年初的 4.46% 上涨至年末的 5.38%，接近基准利率上浮 10% 的水平；预计 2018 年全国房贷平均利率还会继续上涨。

买房的人，2018 年可以好好挑选，这是难得的政策、货币低洼的一年。

股票市场分化，没大牛市有牛股

股票市场分化。没有高杠杆，不可能有疯狂大牛市，但牛股会层出不穷。

原因还是供给侧改革，让大型企业利润继续上升。

钢铁行业利润上升。据兰格钢铁研究中心测算，2017 年钢材综合均价比 2016 年上涨了 42.4%，均价创下近五年以来新高。

看看安阳钢铁疯狂的净利润增幅。2018 年 1 月 11 日晚公告，预计 2017 年度实现归属于上市公司股东的净利润在 15.5 亿元至 17.5 亿元之间，与上年同期相比预计增加 14.27 亿元至 16.27 亿元，同比增幅 1158% 至 1320%。

煤炭同样如此。2017 年 10 月 24 日，西山煤电发布公告，公司 2017

年前三季度营业收入 210.33 亿元，同比增加 62.28%，归属上市公司股东的净利润 13.735 亿元，同比增加 576.64%。

分化就此产生，业绩好的大公司，受益于成本上升，业绩差的中小上市公司，碰也不要碰。

警惕！超半数中国家庭在做自杀式资产配置

中国中产收入家庭典型的资产配置，以房地产为主，占比将近 70%，这可以说是自杀式资产配置！自以为是股神的人数量不少，可中国炒股的人 70% 以上是亏的。

中国中产收入家庭的典型的资产配置是这样的：存几十万元以备不时之需，将近七成的财富是房子，一半家庭不碰股票，认为股市是销金窟；等到股票涨到一定程度，大概有不到 10%的家庭再也受不了，冲进股市当接盘侠。还有一些钱，买基金、保险，再换点外币。

国家统计局发布 2016 年末全国 29 城居民存款排名，北上广人均存款超 10 万元。北京人均存款 12.9 万元成为全国第一，上海人均存款 10.4 万元。北京最高，因为富人最多，西部最低，因为西部偏远地区的贫困农村多。

你有多少存款？是穷人吗？

富人存款多。

很多人问，自己是不是拖了 10 万元的后腿？

别自作多情，10 万元是三大一线城市人均存款。2016 年，全国居民人均存款大概在 5 万元左右。

2016 年 11 月末，人民币存款余额达 150.42 万亿元，个人存款余额为 65.17 万亿元，以全国人口总数 13.5 亿计算，人均存款近 5 万元。如果你的存款少于 5 万元，真要掉眼泪了。

别急着哭，存款主要归有钱人，人均存款中位数肯定低于 4 万元。

根据西南财大中国家庭金融调查报告，中国家庭财富严重不均衡，富的富死，穷的穷死。根据 2016 年的报告，55% 的家庭没有或者几乎没有储蓄，而 10% 的家庭拥有社会总财富的 60.6%，储蓄金额占当年的 74.9%。中国有 4.3 亿户家庭，每户人数 3.1 人不到，按照 3.1 人计算，大概 1.33 亿人拥有存款的 60.6%，也就是 39 万亿元，富裕家庭人均存款 30 万元左右。

2016 年城市家庭金融资产的中位数才 1.65 万元。存款不过是家庭金融资产一部分，所以，家庭存款的中位数肯定低于 1.65 万元，估计 1 万元都不到——怎么样，看看自己的存折，是不是觉得自己又混迹于人民群众当中，没那么悲催了。

要知道，55% 的家庭是基本上不存钱的，你只要有个 1 万元，就超过多数人了。这么一想，又觉得自己怪有钱的。

很多人一听到存款，一瞪眼：存款利率这么低，这不是骂我傻吗？这不傻，你有 1000 万元现金，900 万元投资，100 万元存款，非常理性啊。

存款多的人还是有钱人，人家不傻，人家是进行资产配置。

过去三十年，要想富先买房

2016 年 10 月，小牛资本联合中国家庭金融调查与研究中心发布了《中国家庭金融资产配置风险报告》。

报告显示，你的家庭资产分成两部分：非金融资产和金融资产。非金融资产包括住房、汽车、家庭耐用品、生产经营性资产等；金融资产包括现金、存款、股票、债券、基金、金融理财产品等。

2013 年和 2015 年家庭金融资产占比分别是 12.9% 和 12.4%，没有当年数据，我们只能以2015年的12.4%与2016年家庭户均资产103.4万元计算，家庭金融资产是12.82万元，存款在金融资产中的占比为45.8%，也就是说，存款是5.87万元。

中国家庭储蓄跟日本差不多，妥妥的全球第一阵营，远高于欧盟的34.4%和美国的13.6%。存款是配置资产对冲焦虑感的办法之一，但是要富，绝对不能靠存款。

过去三十年，要想富，少生孩子多买房。

2011年，家庭户均财富是66.3万元，到2016年增长到103.4万元。这个数据一点也不稀奇，2015年中国家庭可投资资产中，投资性房产占比高达71.5%，远远高于美国。

中国家庭总资产中，2013年，房产占比62.3%；2015年，占比65.3%；2016年，占比上升到68.8%。将近七年，户均房产大约为71.139万元，几万块钱的存款根本不能与之相比。

这五年，房产价格上涨超过50%，如果家里资产主要是房产，财富涨个50%，太正常了。看看西南财大中国家庭金融调查与研究中心最新的数据。2017年第一季度，城镇无房家庭的总资产变动指数为96.3，财富缩水；有房家庭的指数为109.1，财富持续增长；其中有房且在近半年新购房的家庭的资产变动指数高达121.1。有房的，大笑，没房的，大哭。

房价上涨使得财富由无房家庭向有房家庭转移，尤其转向手持资本、从事投机活动的富裕群体。

有房的，别高兴得太早。

拥有房产既能大赚，也能大亏。现在政策发生长期变化，房地产市场温水煮青蛙，房价一旦下跌，大部分中产家庭财富将会大缩水。房地产影响货币购买力，影响经济增长，更影响着中国中产家庭的财富水准。资产百分之两百（用杠杆）配置为房地产，是自杀，现在自杀式配置的人还不少，房贷利率可是越来越高了。

自以为是股神的家庭占了一成

炒股的人 70% 以上是亏的；有个业内人士跟我说，90% 以上是亏的。

股票高风险高回报，中国家庭，要么不投资股票，要么大投特投。所以，家庭金融资产组合的风险分布是两极分化的。

2015 年，有 68.4% 的家庭没有投资股票；13.5% 的家庭把全部金融资产投入股市，这些家庭里头，起码有一个自认为是股神的人，可这些家庭里 73.5% 是亏损的。每年盈利的，估计只有一成左右的家庭。

中产收入家庭典型的资产配置是这样的。存几十万元以备不时之需。将近七成的财富是房子，一半家庭不碰股票，认为股市是销金窟，等到股票涨到一定程度，大概有 10% 不到的家庭再也受不了，冲进股市，结果当了接盘侠。还有一些钱买了基金、保险，换点外币。

这种资产配置也是自杀式的。买基金的少，买债券的少，除了房产，就是股票。如果你当股神当了十年还没发财，你真应该找专业人士，帮你省省钱。

更可怕的是，越有钱的家庭资产配置得越均衡。可投资资产上亿元了，有各种专业服务者围着你；孩子也接受过高等教育，比较懂投资，也比较理智。房产、基金、债券、保险、境外投资相对均衡。

最可怕的中产收入家庭资产配置是，一部分存款，利率赶不上货币贬值的步伐。有了自住房后，全部钱投入股市，相当于赌博。老实人赌博，才是最可怕的。

你们家是怎样的类型？如果是最后一类，就多看看笔者的文章，把钉在手里的钉子先拔出来。

第八章　未来十年如何投资？

小心削减中产财富的“两把刀”

市场以疯狂的下跌迎接狗年春节，跌得心惊肉跳。醒醒神，系好安全带，这两年就是股市楼市上蹿下跳的时期，找到分红率高、价格不高的股票，牢牢持有。找到核心城市核心地区、租金回报率高的好楼盘，牢牢持有。否则，你会被甩下这趟复兴号列车。

笔者曾说过，没有房地产大牛市，也没有股市大牛市，2018 年，是财富重新分配的过程。

截至 2018 年 2 月 9 日收盘，沪指报 3129.85，跌 4.05%，周跌幅近 10%，创 2016 年 1 月后新高；仅次于 2015 年“股灾”期间，沪指暴跌 700 点创下的约 13% 的跌幅纪录。上证 50 收盘跌 4.61%，一周跌幅高达 11%，创两年最大跌幅。这让价值投资者情何以堪？

深成指报 10001.23，跌 3.58%。深成指一周下跌了 8.5%；创指报 1592.51，跌 2.98%，单周下跌约 6.5%。香港恒生指数单周下跌 9.5%，创下了 2008 年全球金融危机之后的最大单周跌幅纪录。

量化交易和流动性紧缩形成的股灾，从美国股市开始，没想到，中国市场比美国更恐慌。

道琼斯指数连续两次暴跌 1000 点以上，市场在 15 分钟内有 700 亿美元的成交量。这锅，得由量化交易来背。市场异动的时候，比如出现“肥手指”，量化交易能够跌得让你连家门都不认识。

股市不可能再现 2008 年以后的大牛市，不论中国还是美国。

2018 年美联储预计加息 3 次左右，已经进入加息敏感阶段，从欧洲、日本到美国，通胀预期都在上升，这些国家不得不提升实际利率，中国香港已经开始大规模托市。

全球对市场最友好的量化宽松时代，造就大牛市的时代，已经过去了。

中国去杠杆，实际上在收紧货币。

2018 年 1 月的 CPI 只有 1.5%，但央行没有放松货币。2 月 11 日，央行网站披露，考虑到金融机构有序动用“临时准备金动用安排（CRA）”和财政支出可吸收春节前现金投放等因素的影响，为维护银行体系流动性合理稳定，2 月 11 日央行不开展公开市场操作。央行连续 13 天暂停公开市场操作。

A 股市场有个质押杠杆，比得上美国股市的“踩踏”。

截至 2018 年 2 月，沪深两市共有 2288 家上市公司的股权被质押，占 A 股市场现有个股比例七成左右，其中，有 122 家公司的股权质押数量占总股本的比例超过 50%，另有近 9% 的股权质押已到预警线或平仓线，主要在中小板和创业板。

面临爆仓或者强平时，这些公司停牌，相当于高挂免战牌，获得喘息之机。监管层不会趁火打劫，万一真酿成了股灾，不可收拾。

2018 年股市是上蹿下跳的行情，找到合适的股票，牢牢捏住，摊薄成本。否则，中产收入阶层的资产会被这把刀削去一半。

房地产也要小心，经济增速放缓、货币增速下降，这样的市场还能迎来房地产大牛市？闻所未闻。

买房不能随便买，在有经济基础的一二线城市，大开发商的楼盘周边配套好的，这样才能得到不低的租金回报，高房价才有基础。

恒大春节在打折促销。据财联社 2018 年 2 月 9 日报道，恒大集团宣布自 2 月 1 日至 2 月 28 日，全国所有楼盘享基础优惠 88 折，部分项目限量折扣特价房（额外最高 95 折）。根据融创 2018 年 1 月销售简报，均价也下降了 2000 元。

擦亮眼睛看好了，如果大开发商都在四五线城市打折促销，起码说明，这些城市的货币紧缩了，以后同样的钱可以买到更好的房子。

2018 年要特别小心流动性紧张形成的局部资产崩溃；全球主要移民地的房地产已经涨得很高，2 月开始股市洗牌，资产先后都要崩一崩。2018 年会有一些误杀，找到性价比最高的投资品种，晚上才能睡得着觉。

当房市资金流入股市、期市，这些行业翻了身

通胀压力上升，货币购买力下降。货币购买力下降是大势所趋，动用纸币的前提就是允许购买力贬值，克服害怕继续投资，是每个有产阶层的理性选择。

“房住不炒”，房地产政策风险急剧上升。

2017 年 2 月 13 日晚，中国基金业协会通过官方微信发布 4 号文，禁止通过私募资管计划投资 16 个城市的房产项目，交易量低迷还会持续。这 16 个城市是北京、上海、广州、深圳、厦门、合肥、南京、苏州、无锡、杭州、天津、福州、武汉、郑州、济南、成都，涨得快一点的热门城市被一网打尽。

当然，房价大幅下跌是不可能的。城市群快速形成、货币购买力下降、上述热门城市库存量削弱，为房地产铸就了铁底。指望房地产市场下跌，等着你去抄底，是做梦。

大笔资金不往房地产方向走了，几万亿元资金大刀阔步走向其他方向。我们现在看到的是已经疯狂的期市和渐入佳境的股市。

国内商品市场上涨，黑色系期货品种继续领跑，龙头铁矿石升至三年高位，焦炭涨近 5%。有色金属强势崛起，沪铜暴涨逾 5%，创阶段新高。化工品亦集体大涨，其中沥青一度触及涨停，橡胶、甲醇涨势紧随其后。除了农产品有些忐忑，其他品种受到热烈追捧。而沪深两市的基建板块、一带一路板块、有色板块也一飞冲天。

到 2018 年 5 月，风向变了，最火热的交易品种，竟然是 2017 年 12 月推出的，才交易了 5 个月的苹果期货！

火到什么程度呢？ 2018 年 5 月 16 日，苹果的主力合约成交额有 3600 多亿元，同一天，沪深两个市场交易额加起来才 4000 亿元！一个苹果期货，居然可以抗衡沪深两大市场，甚至有多头一天赚一倍的神话。

最近期股走势与房地产替代有关。

我们首先要问，要稳住 GDP，有什么可以替代房地产？答案是，基建投资。

2017 年 2 月，《21 世纪经济报道》发表了一篇文章，披露的数据让我也吓了一跳。根据当时已经开完的地方“两会”的数据，至少 16 个省份 2016 年的固定资产投资超过 GDP；22 个明确公布 2017 年固定资产投资目标的省份，累计投资目标超过 40 万亿元；其中，2017 年固定资产投资占 2016 年 GDP 比重超过 100% 的有 16 个省份，主要为西部省份，这些省份严重依赖投资拉动经济。

让我们眼花缭乱的基建投资数据，既说明地方政府与相关企业负债上升，钱越来越不值钱，也说明固定资产投资主要空间还是在基建领域。

中国不仅在国内大搞基建，还在国外大规模基建，带火了“一带一路”概念。热到什么程度呢？人大重阳金融研究院的王文先生说，2016 年，他去伊朗调研的时候，德黑兰修的 5 条地铁都是中国公司在承建。未来的 10 年到 15 年，伊朗还会有 10 个城市都像德黑兰一样发展地铁，几乎均为中国承建。

中国企业在海外修铁路包括高铁、修公路、修桥梁、修地铁、修港口、铺互联网、建基站等，根据公布的项目看，“铁公机”主导占到全部投资的 68.8%。根据中国商务部公布的数据，从在对外承包工程方面，2016 年 1 月到 11 月，我国企业在“一带一路”相关的 61 个国家新签对外承包工程项目合同 7367 份，新签合同额 1003.6 亿美元，同比增长 40.1%，占同期我国对外承包工程新签合同额的 52.1%；完成营业额 616.3 亿美元，同比增长 7.5%，占同期总额的 46.6%。

不管未来亏不亏，眼下如此巨大的单子，让相关企业笑得合不拢嘴。

所有这些投资加上供给侧改革去产能、国企改革，让煤炭、有色金属这些一度不受待见的行业，千年的农奴翻了身。

我很佩服制定去产能政策的人，本来眼看很多国有重资产企业要完蛋，而现在水泥、钢铁、煤炭等行业日子不仅能过下去，还过得挺好。

提醒一下，这些概念股的拉升是想象的结果。如果国企效率不能提升，海外投资没有赢利，狂欢的酒杯很快会被撤走，投资者陷入酒醒后深深的落寞之中，通胀不能控制，下一轮疯狂的外逃又会开始。

抢房潮起，一百人抢一套房

抢房，抢房。2017年的抢房潮让人目瞪口呆。几十号人抢一套房不稀奇，几百号人抢一套房也不少见。这已经不是“日光盘”，而是“秒光盘”，一般人递条子根本不管用。

抢房潮起，抢得人目瞪口呆。

2018年4月28日，《21世纪经济报道》披露，一二手房价严重“倒挂”，2018年3月初，位于成都市东二环外的招商中央华城项目摇号，400套房源共有超过5万人参与摇号，中签率不足1%，成为全国地产界的大新闻。开发商早就提醒购房者，为避免拥堵，“请到场客户尽量选择公交、地铁或打车前往。”

抢房潮起，主要是因为以下三个原因。

1. 房价被强行抑制，给一手房购房者明确的套利空间，买到就是赚到。

一座城市的中环，周边二手房交易价每平方米已经到2万元以上，开发商新购土地楼面价每平方米已经到了1.3万元左右，周边新开楼盘价格被硬压在1.6万元左右，开发商自己也说，买此盘必涨，关键是能不能买到。

现在地方政府抑制价格，相当于地方政府把开发商的部分利润强行让渡给了购房者，让购房者得到了一部分几乎无风险的收益，有如此好事，购房者当然能买多少买多少。

价格被强行抑制，利润和收益不会凭空消失，只不过是这部分收益归谁所有的问题而已，以前收益主要是由地方政府与开发商分享，现在部分

“厚粥”被投资者抢到，自然是甘之如饴。

房价上涨，投资者抢购，房价不涨，投资者还是抢购，不是房价不管用，而是目前的房价平稳是假象，房地产实际利润和回报并没有降低。

让房地产回报真实下降，房地产市场才能稳定，去杠杆和降货币是“唯二”的办法。

2. 房地产市场热闹，说明货币购买力下降是共同预期，也说明目前的货币供应远远超过实体经济需求，货币被挤入房地产市场。

2016 年之前，民间投资增速一直高于全社会固投增速。2016 年以后，民间投资失速下滑，显著低于全社会固投增速，当年 6 月，民间投资当月同比增速下滑至 -0.01%。

2018 年第一季度民间投资增速回升，与基建的上升有密切关系。根据任泽平的研报，民间投资在制造业和房地产领域分别占 81% 和 71%。

由于经济转型，资金进入两大类市场，基建与高端制造业，民间投资门槛上升，他们或者有大量资金，或者有技术优势，绝大部分投资者不具备资金、技术、人才优势，这些资金离开实体经济后，转战投资市场。

目前广义货币 M2 确实处于下降周期。2016 年 1 月开始进入收缩周期，当月新增信贷 2.54 万亿元，M2 年增速为 14%，到了 2017 年 3 月，M2 年增速已降至 10.6%，分别比 2017 年 2 月和 2016 年 3 月下降 0.5%和 2.8%，处于历史低位。

既然货币已经进入收缩周期，房地产为什么还这么热闹？问题在于，我们的基数太高，即使每年增速降到最低的 11%，七年之后也会翻番到 310 万亿元。也就是说，到那时，货币购买力还会大幅下降。当货币贬值成为大众预期之后，优质资产争夺战也就随之展开。

3. 到目前为止，没有一款投资品种能具有房地产这样的吸引力，房地产是投资市场最有魅力的“妖精”。

期货市场等不是普通人进得去的；股票市场作为实体企业融资平台的性质越发明显，处于震荡周期。对于大多数人来说，房地产成为够得着、享受得到的投资品种。

房地产是中国最有保障的金融抵押品，股市业绩会造假，房地产的一砖一瓦、房产证不会造假。再加上，资金从实体、从银行非标产品被挤出，房地产更加“金光灿灿”。

我非常担心，越来越多的民间财富被绑定在房地产市场上，房地产与地方财政血肉相连，未来剥离会非常非常痛苦。

房地产狂欢总有结束的一天，居民财富总有通过房产税、遗产税解构的一天，越是疯狂的时候，高中低风险资产配置越是重要。诸位切记，在抢房的同时，切勿把资产配置抛诸脑后。

市场大开杀戒，缺少专业能力的投资者破产在所难免

前一阵，我妈去医院看病，挂号费已经从两年以前的16元上升到22元，升幅37.5%。这个涨幅刚好跟2016年至今的原材料涨幅相似。

根据国家统计局《流通领域重要生产资料市场价格变动情况》数据，从2016年10月上旬到2017年1月上旬，电解铜、螺纹钢、焦煤、焦炭等多种商品价格均出现20%至37%的涨幅。

啤酒开始涨价

制造业承受不了原材料价格如此上涨，终端价格一定会上涨，产品没优势、没办法提价赶上成本增速的企业一定会被淘汰出局。

这两年，制造企业日子不好过。石油煤炭、包装纸，几乎所有的原材料价格都涨了，员工工资不可能降，可是，卖出去的东西基本上都过剩，价格涨不到哪儿去。

如果方便面、洗衣粉、面包的价格都涨了，那真是撑不住了。

啤酒行业首先坐不住了。2018年年初，华润啤酒、青岛啤酒、燕京啤酒等企业接二连三宣布涨价，涨幅在10%～20%，这是近10年以来，啤酒行业的首次提价。

接下来，康师傅也开始提价，康饮茶/果汁系列提价2～3元，提价的原因是“原料价格上涨，运输成本、人员成本上涨”。

2月，有一份号称是杭州娃哈哈集团销售公司的文件流传出来，内容是关于娃哈哈系列产品调价的通知。要知道娃哈哈的主力市场在三四线城市，涨价对娃哈哈来说非常危险，要不是成本压力太大，轻易不会这样做。

这说明，物价上涨的压力非常大。我们看着CPI，总觉得物价没怎么涨，可到超市跑一趟，就会发现100块钱越来越不禁花。

内外双重贬值

货币购买力在下降，如果汇率继续下降，意味着内外双重贬值。

受到贸易、国际压力、关税等压力，外部贬值空间有限。2015年12月31日至2016年12月19日，人民币对美元汇率中间价由6.4936下降至6.9312，贬值约6.7%。2017年人民币如果维持在这一区间，人民币对美元汇率将在7.396左右。事实上，2017年人民币汇率在上升。

由于货币发放量太大，意味着国内物价还会继续上升，并且上升速度不慢。最乐观的估计，广义货币以稳健的11%的速度增长，7年左右就得翻番，2016年年底155万亿元，2023年中国的广义货币将达到310万亿元左右。

即使这个非常可怕的数据，还是乐观的估计。2017年M2同比增速预计为12%，央行报告数据显示，截至2017年1月末，广义货币（M2）余额157.59万亿元，同比增长11.3%，增速与上月末持平，比2016年同期低2.7个百分点。结果我们知道，2017年M2增速8.2%，远远低于预期。

一方面要保持汇率稳定，另外一方面要保持房地产市场健康稳定，房地产市场不能再像2015年那样吸纳那么多货币。

2016年12月召开的中共中央政治局会议上，提出要加快研究建立符合国情、适应市场规律的房地产平稳健康发展长效机制，房地产不能像

2015 年、2016 年一样狂涨。

房地产价格大幅下行是自掘坟墓，虽然中国房地产杠杆不像美国次贷危机前那么可怕那么隐蔽，但中国房地产贷款、质押等都与银行相关，房地产出事不仅让城市的中产收入阶层完蛋，也会直击中国最核心的金融机构。

这几年来，房地产的增速将以分化的方式进行，降低杠杆率，在一二线热门城市以民间的真金白银来填平房地产风险的大坑，三四线城市继续去库存，房价的总体增速在 CPI 的两到三倍。

保持稳定，通过财富增长与通胀的方式挤出房地产泡沫，是上上之选。问题是，如果货币不降，光是从房地产挤出泡沫，资金量就太大了。有数据显示，自 2006 年我国房地产市场开始迅速膨胀以来，每年新增货币供应的 50% 以上被地产行业吸纳，现在，估计起码有十几万亿元的资金被挤出，会往哪儿走?

资金往哪儿走？

资金在期货市场已经显示出威力，按照以往的经验，房地产与股市是“跷跷板效应”，资金会往股市里面走，还有一部分资金会继续流入房地产。

但这两年不可能是期市、债市、股市、楼市的黄金阶段，通过市场波动挤走财富中的泡沫，这两年从实业到金融，会有很大一批人被迫离开市场，以破产的结局告终，释放的货币就这样蒸发了。

2017 年 3 月 9 日晚，原油暴跌，白银暴跌，道琼斯工业指数暴跌，事后看有很多理由，美联储加息是众矢之的，但这一切掩盖不了一个事实，就是市场波动大到机构杀机构已成常态。国内还有多少人敢大手笔做多原油、农产品？即使你方向正确，也会因为短期大幅震荡找不到北。

股票市场这两年践行为实体经济服务的任务，在解决上市公司堰塞湖的同时，注册制也随风潜入夜。有谁会认为，一年上市700家公司，没有杠杆的市场，会迎来一波大牛市？连炒作的人都会逐渐离开市场，有一些人已经离开了，看到鲜言[①]被罚得倾家荡产，看到九好集团资金被穿刺，还有多少人不害怕？股票的财富被风吹走，剩下坚定的价值投资者，与量化投资者。

还是该投房地产了？房地产大概率不会让人亏本，要小心的是，只要实体经济转型成功，房地产就会进入下行周期，这个不乖的孩子会被毫不犹豫地挂到示众墙上，受到严重的打压。

未来只有进行资产配置，在专业市场上，有专业能力的投资者才能成功。

---

① 鲜言，曾作为律师参与过追回流失在国外的圆明园兽首追索案，后于2012年正式进入资本市场。他先后掌控过两家上市公司，并做出了奇葩更名、提出1001项奇葩议案等行为。2017年2月，因涉嫌信息披露违法违规及操纵股价，证监会对鲜言处以约34.7亿元的罚款，并对其采取终身证券市场禁入措施。

鱼和熊掌不能兼得，风险和收益也难以兼得

2017 年 4 月，民生银行爆出 30 亿元“假理财”事件，民生银行北京分行航天桥支行行长张颖涉嫌伪造产品，并以产品“让利”转让的方式吸引该行私人银行高净值客户，有超过 150 名投资者被套，涉案金额或高达 30 亿元。随着监管机构对金融乱象的清理，委外赎回越来越多，未来无风险收益率还将下降，内部风险会不断暴露。

当前金融风险的源头，可以追溯到 2009 年以来的金融自由化，缺乏信用监管能力发展民间金融市场，大加杠杆，导致影子银行规模急剧扩大，资金在金融领域空转，资产泡沫迅速膨胀。

2017 年清明节后，银监会十几天内连续发了 7 份监管文件。2017 年 4 月 25 日，时任银监会主席郭树清直接表态：“如果银行业搞得一塌糊涂，我作为银监会主席，我就要辞职。这就是领导责任。”由此可见，监管机构“下猛药”整治金融乱象的决心十分坚决。

郭树清去杠杆的底线是不发生整体风险。2017 年 4 月 25 日，中共中央政治局会议分析研究当前经济形势跟经济工作，提出了三个确保：确保经济平稳健康发展，确保供给侧结构性改革得到深化，确保不发生系统性金融风险。

中国会去杠杆，但去杠杆的过程中经济得发展、供给侧得改革，个别泡沫崩溃可以，全面崩溃绝对不行。

清理影子银行谁最受伤？

在去杠杆、清理影子银行的过程中，银行会多受伤？

据瑞银估算，2016年底中国影子银行信贷规模在60万亿～70万亿元，占整体信贷的比重从2006年的10%左右大幅提高至33%。有业内人士认为，中国影子银行的真实规模可能会更高。

随着整治金融乱象的推进，中国影子银行的规模一定会下降，银行同业业务、票据贴现、委外业务将受到重点清理，民生银行将受到更为严重的冲击。

民生银行近两年来同业和票据贴现业务剧增，2015年和2016年，民生银行同业往来资产分别增长34.41%和85.76%；票据贴现贷款分别增长193.67%和109.65%。同期，工商银行同业往来资产增速分别为-30.47%、27.65%，票据贴现贷款分别增长49.04%、37.92%，远低于民生银行这两项业务的增长，资产质量相对较高。

假设中国影子银行规模回到2006年的水平，即影子银行信贷规模占整体信贷规模的比重下降至10%，那么银行业信贷规模将下降23%，民生银行和整个银行业的利润将受到严重损失。

具体数值是多少呢？2016年，民生银行利息净收入为946.84亿元，净利润为487.78亿元，若影子银行业务回归2006年水平，信贷总体下降23%，最后民生银行利息净收入将损失217亿元，净利润接近"腰斩"。如果风险清理工作三年内完成，民生银行接下来每年将损失约70亿元。

一半银行息差下降

从资产端看，银监会清理票据、非标等影子银行业务的确对银行业利润产生非常大的影响。从负债端看，银行业业绩也会受到不小的负面影响。

随着金融去杠杆的推进、货币政策的收紧，资金面短缺、利率走高将成为常态，面临“负债荒”，银行成本也将随之增加。但是宏观投资环境恶化，“资产荒”现象仍未改善，银行业资产端的收益率难以提升，这就会导致银行的息差收紧，银行利润受到挤压。

上市银行的财务报告中已经体现出来了。在 20 多家上市公司中，2016 年利息净收入占利息总收入比重下滑的银行近半，只有极少数在负债端有超强竞争力的大银行没有受到太大影响。

民生银行是受影响较大的一批银行之一，第一季度至第四季度利息净收入占利息收入的比重一路下滑，分别为 48.74%、48.38%、47.44% 和 46.43%。按照这个趋势，民生银行 2017 年和 2018 年净息差将下降至 44% ~ 42%，将对利润产生显著的负面影响。具体数值又是多少呢？根据民生银行 2016 年的财务数据，负债端因素对民生银行未来两年净利润的影响大概为 41 亿 ~ 90 亿元。而 2017 年财报，让人松了一口气。

除民生银行外，兴业银行、光大银行、南京银行、宁波银行、上海银行等业绩也将受到较大影响。

银行坏账会增加

对银行业利润有负面影响的还有银行坏账。

房地产市场如果真的冷却，对经济新周期预期降温，银行业坏账将进一步走高。目前官方给出的中国银行业坏账率数据是 2% 左右，大部分人都认为这个数据被低估了，激进的机构和经济学甚至认为中国的坏账率高达 15%。

2016 年，民生银行高风险的企业贷款和低风险的个人贷款占贷款余额比重分别为 56.67% 和 43.33%，如果高风险贷款的风险债务比例为 9%，低风险贷款的风险债务比例为 3%，那么民生银行实际不良贷款率最高会达到 6.4%。然而，民生银行官方给出的不良贷款率仅为 1.68%。根据我们估算的最大数值与民生银行给出的数据差计算，民生银行的利润率将下降 4.72%。2016 年民生银行净利润 487.78 亿元，若净利率下降 4.72%，民生银行利润最多将损失 23.02 亿元。

总结起来，从资产端看，也就是清理影子银行将使民生银行损失 217 亿元，每年损失约 70 亿元；从负债端看，利率走高将使民生银行损失 41 亿元；坏账将使民生银行损失 23.02 亿元。由于归类的问题，会存在部分损失重复计算的现象，但是这个比重不是太大，民生银行理论最大损失为 134.2 亿元，相当于 2016 年净利润的 27.5%。

截至 2017 年 4 月 25 日，民生银行股价为 7.71 元，较 2016 年 9.9 元高位下跌 22%。从盈利的角度看，民生银行股价最多可能还有 5% 左右的下跌空间。银行不至于崩盘。

随着监管机构清理银行委外、理财等业务的推进，以及利率走高导致的理财产品赎回需求上升，以后可能会爆出更多类似民生银行理财案件的风险事件。如果只是几家发生风险，监管层将“宜将剩勇追穷寇”；如果连大型银行都发生问题，或者去杠杆爆发债务危机，监管层一定会谨慎而行。

普通投资者如何防范风险？仔细查看合同和产品说明，了解所募资金流向，对高收益率产品要格外注意。不管是银行自主发行的还是代销的理财产品，一定要确认它是否正规，这在“中国理财网”输入理财编码查询一下就知道了，未登记的理财产品不要买。

未来理财风险会上升，有个 4％的收益率相当不错了，任何一家金融机构无风险收益率高达 10％甚至更高，那必是骗子无疑。记住，天上掉馅饼是掉在天鹅嘴里的，普通投资者得到的馅饼多半是裹着糖衣的毒药。

金融政策基因突变，影响未来10年投资

2017年有三件事，代表着中国金融市场基因突变，看不清大势的人会被市场淘汰。

2017年2月10日，证监会主席再次表示，资本市场不允许资本大鳄“呼风唤雨”，对散户“扒皮吸血”，要有计划地把一批资本大鳄“逮回来”。

2017年2月22日，在国务院新闻办公室新闻发布会上，保监会主席撂狠话，对个别浑水摸鱼、火中取栗且不收敛、不收手的机构，依法依规采取顶格处罚，坚决采取停止新业务、处罚高管人员直至吊销牌照等监管措施，绝不能把保险办成富豪俱乐部，更不容许保险被金融大鳄所借道和藏身。

2017年2月23日媒体披露，山东省省长郭树清即将出任银监会第三任主席，61岁的郭树清接替尚福林，重回金融监管系统任职。又一个市场派人士回到金融监管核心地带。

金融领域小宇宙正在爆发。现在中国金融市场发生的变化，将影响未来十年的投资方向与投资方法。

金融行业正在发生以下变化

1. 金融业以实体经济发展为目标。虚拟巨鳄想吞噬实体巨鳄，当心背

后的枪。

为什么万科股权争夺战中王石笑了，不是因为王石长得帅、登山厉害，而是因为万科在房地产市场中的地位不可动摇，在股票市场中是一块重要的压舱石。

万科与格力的胜利不容易。投资规则尚不完善，理念不清晰；在刘士余先生第一次抨击资本大鳄时，出现了对刘士余先生暴风骤雨式的攻击。如果靠王石、董明珠个人的力量狙击股权争夺战，想要取胜是不可能的。

在此次保监会主席撂狠话前，2016年除了陈文辉明确表达了自己的观点外，假借不知名的保监会官员名义支持用万能险争夺股权的也不少，这可以理解，保监会站在保险公司的立场上，何况规则也没有禁止。

保监会主席的发言可以视作一个风向标，一定有股非常强大的力量在支持实体企业，并且希望中国股票市场有越来越多可以压得住市场的可靠的实体企业。

目前再融资等改革，也以实体经济的发展为依归。

未来有三类企业值得关注：

一是创业企业中能够脱颖而出的企业，这些企业代表着未来；

二是类似于格力这样的企业，可以用业绩让市场保持稳健；

三是通过混改、通过并购重组能够大幅提升效率的国有企业。

2. 金融市场全方位去杠杆，利用高杠杆的大鳄挨闷棍。

从货币政策到股票市场，都在去杠杆的过程中。货币政策保持稳定，不轻易降准，房地产开发贷、居民房贷都在去杠杆，用自己的钱投资。

大鳄狂欢时代逐渐过去，一些认为自己绝不会出事的大鳄，居然出了事，现有的大鳄不得不蛰伏一段时间。

万家文化就是一个典型，空手套白狼被硬生生地止住了。原来答应融资的银行退缩了，神秘的银必信退出了。万家股价上升时估计有人兑现，大鱼吃小鱼、小鱼吃虾米，直到大鱼钻进套，想退也退不出去。

3. 进行稳健的制度变革，不管什么“黑猫白猫”，只要能够达到目标就是好市场。

为建立相对干净的市场，一批“小鳄鱼”被铲除了。2016 年证监会行政处罚决定数量、罚没款金额均创历史新高，市场禁入人数达到历史峰值。

2016 年共对 183 起案件做出处罚，做出行政处罚决定书 218 份，较 2015 年增长 21%；罚没款共计 42.83 亿元，较 2015 年增长 288%；对 38 人实施市场禁入，较 2015 年增长 81%。

中国市场有自己的特色，底线极低，波动极大，市场化改革一不小心就会造成金融市场风险。从这两年前，市场化也好非市场化也好，都不在考虑范围之内，务实的人士考虑的是什么样的举措能够建立规范市场、法治市场。

再融资是为了实体的发展，而不是为了诞生暴发户，再融资没有一刀切；股指期货恢复，别忘记细节上对于期指的严厉掌控。

价值投资时代到来

以往，中国金融政策两三年一变，就像房地产政策一样，或者像股票市场一样，几年一休克，暂停 IPO，等缓过劲儿来继续抽血。对这些修修补补的改革做过度利好解读，常常被嘲讽为过度的多情。这一次不一样，我愿意冒着被嘲讽的风险说一次，这次改革是基因突变式的改革，是原有的模式到达临界点之后的必须举措。

现在所做的一切改革是为了从根本上避免休克，避免休克有两个要点：

首先，堵住出血点，办法是去杠杆、严监管；

其次，扶持实体企业，提升造血功能。

请记住，我们会面临长达十年左右的去杠杆期，价值投资的时代到来了。

任何打着市场化名义的加杠杆行为，都会受到严厉监管，2015 年上半年的股市是杠杆游戏最后的狂欢，也是杠杆游戏的终结篇。以后只有在期货等不得不用杠杆的市场才会有“杠杆市”，即使是期货市场，杠杆也在监管的控制之内。

要了解目前的市场，得看透《关于规范金融机构资产管理业务的指导意见》，这份意见几乎把所有的证券货币市场产品一网打尽，透露出不少消息：实现跨行业监管，跨部门监管，主要监管方向是各种加杠杆行为；核心包括打破刚性兑付，限定杠杆倍数，消除多层嵌套，强化资本约束和风险准备金计提要求等，最后达到市场稳定发展。

统一监管，腾挪余地缩小

统一监管呼之欲出，没有统一监管不可能真正去杠杆。

终于，“一行三会”变成“一行两会”，2018 年 3 月，根据国务院机构改革方案，银监会和保监会职责整合，组建中国银行保险监督管理委员会，作为国务院直属事业单位。

去杠杆是长期方针，被保监会处罚的前海人寿和恒大人寿，前海人寿的处罚之所以严厉得多，主要是资金等方面出了问题，而恒大人寿主要原因是短炒。

杠杆利益链条就是一条变色龙，堵住了互联网资金、变身成券商资金；堵住了券商资金，变身成银行资金；堵住了银行资金，就变身成为保险资金。现在用了个金钟罩，把这条变色龙围了起来，这就是“穿透式监管”的真正含义。

发展实体经济才能强身健体，一切金融市场都是为了发展实体经济，而不是为了呵护暴发户，在中国让价值投资者分享经济发展的红利，才是金融市场的正途。

刘士余先生把股市比作珍珠项链，高质量的上市公司就是一颗颗珍珠，这些珍珠才是投资者的宝贝，照亮了黑暗的市场。投资者得睁大眼睛找珍珠，那些鱼眼睛最终会成为僵尸股，在变成真正的尸体之前还会拖一批没有定力的“韭菜”下水。

未来就是两种投资：价值投资，以量化为主的短期投资；想在市场上浑水摸鱼基本不可能。

转移资产越来越难

英达在美国转移资金掀起了投资市场不小的浪花。

大家关注不是因为英达是名人，而是这一事件显示资产转移的困境，中美两国都不支持资产的转移。

未来资金转移将非常困难，中国外汇储备一度降到 3 万亿美元以下，保持外汇储备的稳定，才能保持内部市场的稳定，绝大多数人投资还是会在境内市场。

最近的金融改革一言以蔽之：中国特色的市场化。以前把美国 20 世纪 80 年代之后的一些金融产品直接拿到中国市场的做法，根本就是一场笑话，中国的市场基础、信用建设、工业化程度跟人家根本没法比；现在，我们醒过来了。

看准目标，未来的投资机会都在这里

套路很深的投机者将被驱逐出市场，以前大鳄们一帆风顺，2016年却在股市吃了大亏，显示A股的利益版图正在瓦解，中国市场正在形成新的投资模式。

未来的投资主线

低调的刘士余先生说话以直白著称。直白的语言背后，显示证券市场的基因正在改变，利益版图重新划分，一切直指实体经济发展。

1. 定增吃大亏

据同花顺数据，截至2017年1月17日，近一年已实施完成定向增发的上市公司共612家，其中200家上市公司股价跌破定增价，占比32.36%。受行情影响，深市个股跌幅较大，在跌破定增价的个股中，沪市个股52家，深市个股148家，深市跌破比例高达74%。苏宁云商亏损金额高达81.91亿元，成“定增亏损王”。

能低价参与定增的，基本上是利益链条的重要一环，现在利益链条部分崩塌，找不到接盘人。2017年再融资严格监管加上新股上市数量不减，“定增暴利”会成为历史名词。

靠定增、炒概念的传统公司要小心了，市场要的是有生命力、有创新力、有国际能力的公司，苟延残喘的公司别指望再融资暴发。

2. 布局中概股回归的资金

由于世纪游轮等中概股回归的暴利是百年一遇的盛况，很多资金如飞蛾扑火一般扑向私有化的中概股的怀抱。

此次刘士余先生明确表态："去年初中概股回归一度盛行，应认识到，在美国上市不回来，一样也是服务国家战略。"另外，中国资本市场监管标准不比美国等其他市场低。中概股回归之路是单向道，中概股回归的估值如 2014 年、2015 年一样疯狂，但风险也在加大。

一些机构因此受损，私募基金经理但斌先生坦诚地表示："2016 年犯的最大失误就是投资了私有化的中概股，我们表现较差的产品基本为此类型产品。以汉景港湾 3 号为例，产品于 2015 年股灾期间的回撤仅为 3%，优于上证 28.4% 的跌幅。但 2016 年以来的回撤高达 20%，高于同期上证 10.8% 的跌幅，其中除了熔断期间的回撤之外，最主要的回撤来源于投资中概股私有化的亏损。"据我所知，一些机构比但斌先生的亏损还要厉害。

3. 杠杆交易下降，韭菜不够塞牙缝，旱季里巨鳄互食

疯狂的杠杆交易已到尾声，最典型的是保险资金股权投资将受到严厉监管。

在 2017 年年初召开的保险资金动用专题培训会上，保监会副主席陈文辉表示，未来要把"防范风险和强化监管"作为重中之重。保险资金要做长期资金的提供者，不做短期资金的炒作者；要做善意的投资者，不做敌意的收购者。当前保险资金运用领域存在的主要问题包括：非理性举牌、与一致行动人非友好投资、跨境跨领域大额投资和并购、激进经营和激进投资、产品多层嵌套和监管套利等。

高杠杆就是大鳄的水，水没了意味着旱季来了，没有食物，大鳄互相吞食。一些清醒的小鳄主动退出。四川金顶平价转让、中科招商 2017 年春节前后"清仓式"减持 8 家上市公司、东北电气杠杆买家清仓撤退等信息频频爆出，显示杠杆买壳生意已失去以往的套利诱惑，壳价将进一步降温。

清算过程在持续，市场最有名的“四大系”土崩瓦解。这么说吧，如果这几年巨鳄还活得挺滋润，不光中国金融完蛋，实体也会完蛋，从上到下的转型就不可能取得成功。

从 2016 年开始延续到未来数年，投资风向明确转变，西风转向东风，能够稳健运营的实体经济企业家、能够脱颖而出的创新企业创新家、转型成功的蓝筹企业改革者是真正的稀缺资源。

控制地方政府负债 PPP 项目不能做

2017 年年初，一则新闻被疯传，称中国固定资产投资超过 45 万亿元。要知道，中国固定资产投资基数很高，2015 年全社会固定资产投资是 56 万亿元，2016 年是 59 万亿元，只要 2017 年固定资产投资增速超过较低的 2016 年的 8%，2017 年的固定资产投资就将轻松超过 60 万亿元，最终的结果是 63 万亿元。2013 年之前，固定资产投资增速每年都超过 20%。

中金固收团队研报发布的数据更可怕。他们认为，由于房地产投资增速会小幅滑落，制造业可能小幅上升，整体固定资产投资增速的改善更可能是来自基建。2016 年全年基建名义增速为 15.7%，预计 2017 年基建名义增速可能高于 2016 年，可能回升到 16% ~ 20%。

固定资产投资可以稳定经济增长，带来的可怕后果是亏损与高负债。投资并不一定带来通胀，无效的投资才会带来通胀。以机场建设为例，2017 年 2 月 16 日，中国民用航空局、国家发改委和交通运输部联合发布《中国民用航空发展第十三个五年规划》，“十三五”期间，我国将新建以及续建 74 个机场，建成机场超过 50 个，到 2020 年，我国民用运输机场数量将由 2015 年的 207 个发展到 260 个以上。

表面上这是好事，其实未必。有数据称，全国 190 多家机场亏损比例高达 70% ~ 80%，亏损面巨大，仅有大约 50 家机场盈利，支线机场建得越多，亏损越大。不要动不动跟美国比，人家从东到西经济发达地区路途够远，我们国家经济集中在漠河—腾冲以东，尤其是在长三角、珠三角城市群内部，高速轨交已经足够，很难想象苏州、无锡、上海、杭州、嘉兴这些城市布满铁路。

无论是公司接单还是 PPP 模式，大型企业与地方政府债务必定上升。

根据瑞银证券的研报，非金融部门债务总额在 2016 年底达到 205 万亿元人民币，是国内生产总值的 2.77 倍，这一水平高于 2015 年同期水平——175 万亿元人民币，是 2015 年 GDP 的 2.54 倍；自金融危机以来，非金融部门的债务总额一路飙升 130 个百分点。

政府债务约为 GDP 的 68%，家庭债务约为 GDP 的 45%，企业债务约为 GDP 的 164%，企业债务比例达到了世界之最，远高于 2008 年的 0.86 倍水平。尤其投资量增加，意味着信贷增长，中国债务规模或将进一步上升，预计两年内超过 GDP 的 300%。

债务上升表现在两方面，明面上是贷款数量上升，也会通过地下通道。

央行公布的数据显示，2017 年 1 月，新增贷款 2.03 万亿元，创一年新高。非金融企业及机关团体贷款增加 1.56 万亿元，其中，短期贷款增加 4331 亿元，中长期贷款增加 1.52 万亿元，票据融资减少 4521 亿元；非银行业金融机构贷款减少 2799 亿元。央行上海总部发布的上海 1 月份贷款数据同样如此。房贷下降，企业中长期贷款增加，银行跟着政策走。

基建自筹资金越来越多，恐怕不是债务情况好转，大概率是资金绕道走的结果。中金固收团队的研报显示，近期非标融资绝对值及占比快速上升，过去一年委托贷款、信托贷款净增加 3.36 万亿元；且微观调研反映近期非标项目仍较多，所以，央行稍微收紧货币，短期同业拆息利率就随之上升。

这一切表明，债务上升，但债务不会崩盘；原因在于货币购买力下降，钱不值钱了。

未来有前景的企业在这些领域

中国大型互联网企业进入了新能源车领域，这是能够拉动经济的前景行业。

2018 年 4 月爆发的中美贸易战，让大家体会到中国互联网行业刻骨的“芯痛”，智能互联、芯片、机器人等高端制造领域，也将是投资溢价的亶点领域。

还有高端消费。2017 年年初，《北京青年报》《南方都市报》相继报道了普通商品物价上涨的消息：“继价格高高在上的一线白酒、阿胶涨价后，牛奶、榨菜，甚至是常用药品也在本月不断爆出涨价的消息。”

据《南方都市报》记者不完全统计，截至 2017 年 2 月 20 日，已有燕塘乳业、涪陵榨菜、马应龙、古越龙山等多个快消企业宣布为应对成本上涨压力而对部分产品进行提价。考虑到涨价将蔓延到生活日用品，紧缩政策暂时不会改变。但价格逆势而涨的高端消费，投资前景不错。

无论货币如何理性，债务如泰山压顶，为了活下去，货币购买力下降是大势所趋。人们只有两种应对方式：一是赚到钱赶紧消费，二是赚到钱交给诚信、专业的投资机构。

考虑到中国经济转型成功，就是有潜力的企业成功的过程，对于个人而言，在进行资产配置时，将资金与未来有前景的企业、经济发展有动力的城市结合，是主要生存法则。